Imprimerie de F. LOCQUIN, 16, rue N.-D. des Victoires.

OEUVRES

DE

J.-B. POQUELIN

DE MOLIERE

TOME QUATRIÈME.

PARIS
FELIX LOCQUIN, IMPRIMEUR,
6, RUE NOTRE-DAME DES VICTOIRES, PRÈS LA BOURS

1842

SGANARELLE.

Oui. Fais.

CLITANDRE, *tâtant le pouls de Sganarelle.*

Votre fille est bien malade.

SGANARELLE.

Vous connaissez cela ici?

CLITANDRE.

Oui, par la sympathie qu'il y a entre le père et la fille.

SCENE VI.

SGANARELLE, LUCINDE, CLITANDRE, LISETTE.

LISETTE, *à Clitandre.*

Tenez, monsieur, voilà une chaise auprès d'elle. (*à Sganarelle.*) Allons, laissez-les là tous deux.

SGANARELLE.

Pourquoi? je veux demeurer là.

LISETTE.

Vous moquez-vous? il faut s'éloigner. Un médecin a cent choses à demander qu'il n'est pas honnête qu'un homme entende.

(*Sganarelle et Lisette s'éloignent.*)

CLITANDRE, bas, à *Lucinde.*

Ah! madame, que le ravissement où je me trouve est grand! et que je sais peu par où vous commencer mon discours! Tant que je ne vous ai parlé que des yeux, j'avais, ce me semblait, cent choses à vous dire; et maintenant que j'ai la liberté de vous parler de la façon que je souhaitais, je demeure interdit, et la grande joie où je suis, étouffe toutes mes paroles.

LUCINDE.

Je puis vous dire la même chose; et je sens, comme vous, des mouvements de joie qui m'empêchent de pouvoir parler.

CLITANDRE.

Ah! madame, que je serais heureux s'il était vrai que vous sentissiez tout ce que je sens, et qu'il me fût permis de juger de votre ame par la mienne! Mais,

ACTE III, SCENE VI.

madame, puis-je au moins croire que ce soit à vous à qui je doive la pensée de cet heureux stratagème qui me fait jouir de votre présence?

LUCINDE.

Si vous ne m'en devez pas la pensée, vous m'êtes redevable au moins d'en avoir approuvé la proposition avec beaucoup de joie.

SGANARELLE, *à Lisette.*

Il me semble qu'il lui parle de bien près.

LISETTE, *à Sganarelle.*

C'est qu'il observe sa physionomie et tous les traits de son visage.

CLITANDRE, *à Lucinde.*

Serez-vous constante, madame, dans ces bontés que vous me témoignez?

LUCINDE.

Mais vous, serez-vous ferme dans les résolutions que vous avez montrées?

CLITANDRE.

Ah! madame! jusqu'à la mort. Je n'ai point de plus forte envie que d'être à vous, et je vais le faire paraître dans ce que vous m'allez voir faire.

SGANARELLE, *à Clitandre.*

Hé bien! notre malade? elle nous semble un peu plus gaie.

CLITANDRE.

C'est que j'ai déjà fait agir sur elle un de ces remèdes que mon art m'enseigne. Comme l'esprit a grand empire sur le corps, et que c'est de lui bien souvent que procèdent les maladies, ma coutume est de courir à guérir les esprits avant que de venir au corps. J'ai donc observé ses regards, les traits de son visage, et les lignes de ses deux mains; et, par la science que le ciel m'a donnée, j'ai reconnu que c'était de l'esprit qu'elle était malade, et que tout son mal ne venait que d'une imagination déréglée et d'un désir dépravé de vouloir être mariée. Pour moi je ne vois rien de plus extravagant et de plus ridicule que cette envie qu'on a du mariage.

KOBERT 1989

OEUVRES

DE

J.-B. POQUELIN

DE MOLIÈRE.

TOME QUATRIÈME.

PARIS
FELIX LOCQUIN, IMPRIMEUR,
16, RUE NOTRE-DAME DES VICTOIRES.

1843

OEUVRES

DE

MOLIÈRE.

L'AMOUR MÉDECIN,

COMÉDIE-BALLET, EN TROIS ACTES.

1665.

AU LECTEUR.

Ce n'est ici qu'un simple crayon, un petit impromptu dont le roi a voulu se faire un divertissement. Il est le plus précipité de tous ceux que sa majesté m'ait commandés; et, lorsque je dirai qu'il a été proposé, fait, appris et représenté en cinq jours, je ne dirai que ce qui est vrai. Il n'est pas nécessaire de vous avertir qu'il y a beaucoup de choses qui dépendent de l'action. On sait bien que les comédies ne sont faites que pour être jouées, et je ne conseille de lire celle-ci qu'aux personnes qui ont des yeux pour découvrir dans la lecture tout le jeu du théâtre. Ce que je vous dirai, c'est qu'il serait à souhaiter que ces sortes d'ouvrages pussent toujours se montrer à vous avec les ornements qui les accompagnent chez le roi; vous les verriez dans un état beaucoup plus supportable, et les airs et les symphonies de l'incomparable M. Lulli, mêlés à la beauté des voix et à l'adresse des danseurs, leur donnent sans doute des graces dont ils ont toutes les peines du monde à se passer.

PERSONNAGES DU PROLOGUE.

La comédie.
La musique.
Le ballet.

PERSONNAGES DE LA COMÉDIE.

Sganarelle, père de Lucinde.
Lucinde, fille de Sganarelle.
Clitandre, amant de Lucinde.
Aminte, voisine de Sganarelle.
Lucrèce, nièce de Sganarelle.
Lisette, suivante de Lucinde.
M. Guillaume, marchand de tapisseries.
M. Josse, orfèvre.
M. Tomès,
M. Desfonandrès,
M. Macroton, } médecins.
M. Bahis,
M. Filerin,
Un notaire.
Champagne, valet de Sganarelle.

PERSONNAGES DU BALLET.

Première entrée.

Champagne, valet de Sganarelle, dansant.
Quatre médecins, dansants.

Seconde entrée.

Un opérateur, chantant.
Trivelins et scaramouches, dansants, de la suite de l'opérateur.

Troisième entrée.

La comédie.
La musique.
Le ballet.
Jeux, ris, plaisirs, dansants.

La scène est à Paris.

PROLOGUE.

LA COMÉDIE, LA MUSIQUE, LE BALLET.

LA COMÉDIE.

Quittons, quittons notre vaine querelle ;
Ne nous disputons point nos talents tour à tour,
    Et d'une gloire plus belle,
    Piquons-nous en ce jour.
Unissons-nous tous trois d'une ardeur sans seconde,
Pour donner du plaisir au plus grand roi du monde.

TOUS TROIS ENSEMBLE.

Unissons-nous tous trois, d'une ardeur sans seconde,
Pour donner du plaisir au plus grand roi du monde.

LA COMÉDIE.

De ses travaux plus grands qu'on ne peut croire,
Il se vient quelquefois délasser parmi nous.
    Est-il de plus grande gloire ?
    Est-il de bonheur plus doux ?

TOUS TROIS ENSEMBLE.

Unissons-nous tous trois, d'une ardeur sans seconde,
Pour donner du plaisir au plus grand roi du monde.

FIN DU PROLOGUE.

L'AMOUR MÉDECIN.

ACTE PREMIER.

SCÈNE PREMIÈRE.

SGANARELLE, AMINTE, LUCRÈCE, M. GUILLAUME, M. JOSSE.

SGANARELLE.

Ah! l'étrange chose que la vie! et que je puis bien dire, avec ce grand philosophe de l'antiquité, que *qui terre a, guerre a*, et qu'un malheur ne vient jamais sans l'autre! Je n'avais qu'une seule femme, qui est morte.

M. GUILLAUME.

Et combien donc en vouliez-vous avoir?

SGANARELLE.

Elle est morte, monsieur Guillaume, mon ami. Cette perte m'est très sensible, et je ne puis m'en ressouvenir sans pleurer. Je n'étais pas fort satisfait de sa conduite, et nous avions le plus souvent dispute ensemble: mais enfin, la mort rajuste toutes choses. Elle est morte, je la pleure. Si elle était en vie, nous nous querellerions. De tous les enfants que le ciel m'avait donnés, il ne m'a laissé qu'une fille, et cette fille est toute ma peine. Car enfin, je la vois dans une mélancolie la plus sombre du monde, dans une tristesse épouvantable, dont il n'y a pas moyen de la retirer, et dont je ne saurais même apprendre la cause. Pour moi, j'en perds l'esprit, et j'aurais besoin d'un bon conseil sur cette matière. (*à Lucrèce*) Vous êtes ma nièce; (*à Aminte*) vous, ma voisine; (*à M. Guillaume et à M. Josse*) et vous, mes compères et mes amis : je vous prie de me conseiller tout ce que je dois faire.

M. JOSSE.

Pour moi, je tiens que la braverie, que l'ajustement est la chose qui réjouit le plus les filles: et, si j'étais que de vous, je lui achèterais dès aujourd'hui une belle garniture de diamants, ou de rubis, ou d'émeraudes.

M. GUILLAUME.

Et moi, si j'étais en votre place, j'achèterais une belle tenture de tapisserie de verdure, ou à personnages, que je ferais mettre dans sa chambre, pour lui réjouir l'esprit et la vue.

AMINTE.

Pour moi, je ne ferais pas tant de façons ; je la marierais fort bien, et le plutôt que je pourrais, avec cette personne qui vous la fit, dit-on, demander il y a quelque temps.

LUCRÈCE.

Et moi, je tiens que votre fille n'est point du tout propre pour le mariage. Elle est d'une complexion trop délicate et trop peu saine ; c'est la vouloir envoyer bientôt en l'autre monde, que de l'exposer, comme elle est, à faire des enfants. Le monde n'est point du tout son fait ; et je vous conseille de la mettre dans un couvent, où elle trouvera des divertissements qui seront mieux de son humeur.

SGANARELLE.

Tous ces conseils sont admirables, assurément ; mais je les tiens un peu intéressés, et trouve que vous me conseillez fort bien pour vous. Vous êtes orfèvre, monsieur Josse, et votre conseil sent son homme qui a envie de se défaire de sa marchandise. Vous vendez des tapisseries, monsieur Guillaume ; et vous avez la mine d'avoir quelque tenture qui vous incommode. Celui que vous aimez, ma voisine, a, dit-on, quelque inclination pour ma fille, et vous ne seriez pas fâchée de la voir la femme d'un autre. Et quant à vous, ma chère nièce, ce n'est pas mon dessein, comme on sait, de marier ma fille avec qui que ce soir, et j'ai mes raisons pour cela; mais le conseil que vous me donnez de la faire religieuse, est d'une femme qui pourrait bien souhaiter charitablement d'être mon héritière universelle. Ainsi, messieurs et mesdames, quoique tous vos conseils soient les meilleurs du monde, vous trouverez bon, s'il vous plaît, que je n'en suive aucun. (*seul.*) Voilà de mes donneurs de conseils à la mode.

SCÈNE II.
LUCINDE, SGANARELLE.

SGANARELLE.

Ah ! voilà ma fille qui prend l'air. Elle ne me voit pas. Elle soupire; elle lève les yeux au ciel. (*à Lucinde.*) Dieu vous garde ! Bon jour, ma mie. Hé bien ! qu'est-ce ? Comme vous en va ? Hé quoi ! toujours triste et mélancolique comme cela ! et tu ne veux pas me dire ce que tu as ! Allons donc, découvre-moi ton petit cœur. Là, ma pauvre mie, dis, dis, dis tes petites pensées à ton petit papa mignon. Courage ! Veux-tu que je te baise ? Viens. (*à part.*) J'enrage de la voir de cette humeur-là. (*à Lucinde.*) Mais, dis-moi, me veux-tu faire mourir de déplaisir ? et ne puis-je savoir d'où vient cette grande langueur? Découvre-m'en la cause, et je te promets que je ferai toutes choses pour toi. Oui, tu n'as qu'à me dire le sujet de ta tristesse : je t'assure ici et te fais serment qu'il n'y a rien que je ne fasse pour te satisfaire ; c'est tout dire. Est-ce que tu es jalouse de quelqu'une de tes compagnes que tu voies plus brave que toi ? et serait-il quelque étoffe nouvelle dont tu voulusses avoir un habit ? Non. Est-ce que ta chambre ne te semble pas assez parée, et que tu souhaiterais quelque cabinet de la foire Saint-Laurent ? Ce n'est pas cela. Aurais-tu envie d'apprendre quelque chose ! et veux-tu que je te donne un maître pour te montrer à jouer du clavecin ? Nenni. Aimerais-tu quelqu'un, et souhaiterais-tu d'être mariée ?
(*Lucinde fait signe qu'oui.*)

SCÈNE III.

SGANARELLE, LUCINDE, LISETTE.

LISETTE.

Hé bien ! monsieur, vous venez d'entretenir votre fille : avez-vous su la cause de sa mélancolie ?

SGANARELLE.

Non. C'est une coquine qui me fait enrager.

LISETTE.

Monsieur, laissez-moi faire, je m'en vais la sonder un peu.

SGANARELLE.

Il n'est pas nécessaire ; et puisqu'elle veut être de cette humeur, je suis d'avis qu'on l'y laisse.

LISETTE.

Laissez-moi faire, vous dis-je : peut-être qu'elle se découvrira plus librement à moi qu'à vous. Quoi ! madame, vous ne nous direz point ce que vous avez, et vous voulez affliger ainsi tout le monde ? Il me semble qu'on n'agit point comme vous faites, et que si vous avez quelque répugnance à vous expliquer à un père, vous n'en deviez avoir aucune à me découvrir votre cœur. Dites-moi, souhaitez-vous quelque chose de lui ? Il nous a dit plus d'une fois qu'il n'épargnerait rien pour vous contenter. Est-ce qu'il ne vous donne pas toute la liberté que vous souhaiteriez ? et les promenades et les cadeaux ne tenteraient-ils point votre ame ? Hé ! avez-vous reçu quelque déplaisir de quelqu'un ? Hé ! n'auriez-vous point quelque secrète inclination avec qui vous souhaiteriez que votre père vous mariât ? Ah ! je vous entends, voilà l'affaire. Que diable ! pourquoi tant de façons ? Monsieur, le mystère est découvert ? et....

SGANARELLE.

Va, fille ingrate, je ne te veux plus parler, et je te laisse dans ton obstination.

LUCINDE.

Mon père, puisque vous voulez que je vous dise la chose...

ACTE I, SCENE III.

SGANARELLE.

Oui, je perds toute l'amitié que j'avais pour toi.

LISETTE.

Monsieur, sa tristesse...

SGANARELLE.

C'est une coquine qui me veut faire mourir.

LUCINDE.

Mon père, je veux bien...

SGANARELLE.

Ce n'est pas là la récompense de l'avoir élevée comme j'ai fait.

LISETTE.

Mais, monsieur...

SGANARELLE.

Non, je suis contre elle d'une colère épouvantable.

LUCINDE.

Mais, mon père...

SGANARELLE.

Je n'ai plus aucune tendresse pour toi.

LISETTE.

Mais...

SGANARELLE.

C'est une friponne...

LUCINDE.

Mais...

SGANARELLE.

Une ingrate...

LISETTE.

Mais...

SGANARELLE.

Une coquine qui ne me veut pas dire ce qu'elle a.

LISETTE.

C'est un mari qu'elle veut.

SGANARELLE, *faisant semblant de ne pas entendre.*
Je l'abandonne.

LISETTE.

Un mari.

SGANARELLE.

Je la déteste.

LISETTE.

Un mari.

SGANARELLE.

Et la renonce pour ma fille.

LISETTE.

Un mari.

SGANARELLE.

Non, ne m'en parlez point...

LISETTE.

Un mari.

SGANARELLE.

Ne m'en parlez point...

LISETTE.

Un mari.

SGANARELLE.

Ne m'en parlez point.

LISETTE.

Un mari, un mari, un mari.

SCENE IV.
LUCINDE, LISETTE.

LISETTE.

On dit bien vrai qu'il n'y a point de pires sourds que ceux qui ne veulent pas entendre.

LUCINDE.

Hé bien! Lisette, j'avais tort de cacher mon déplaisir, et je n'avais qu'à parler, pour avoir tout ce que je souhaitais de mon père! Tu le vois.

LISETTE.

Par ma foi, voilà un vilain homme, et je vous avoue que j'aurais un plaisir extrême à lui jouer quelque tour. Mais, d'où vient donc, madame, que jusqu'ici vous m'avez caché votre mal?

LUCINDE.

Hélas! de quoi m'aurait servi de te le découvrir plus tôt; et n'aurais-je pas autant gagné à le tenir caché toute ma vie? Crois-tu que je n'aie pas bien prévu tout ce que tu vois maintenant, que je ne susse pas à fond tous les sentiments de mon père, et que le refus qu'il a fait porter à celui qui m'a demandée par un ami, n'ait pas étouffé dans mon ame toute sorte d'espoir?

LISETTE.

Quoi! c'est cet inconnu qui vous a fait demander pour qui vous...?

LUCINDE.

Peut-être n'est-il pas honnête à une fille de s'expliquer si librement; mais enfin, je t'avoue que, s'il m'était permis de vouloir quelque chose, ce serait lui que je voudrais. Nous n'avons eu ensemble aucune conversation, et sa bouche ne m'a point déclaré la passion qu'il a pour moi; mais, dans tous les lieux où il m'a pu voir, ses regards et ses actions m'ont toujours parlé si tendrement, et la demande qu'il a fait faire de moi m'a paru d'un si honnête homme, que mon cœur n'a pu s'empêcher d'être sensible à ses ardeurs, et cependant tu vois où la dureté de mon père réduit toute cette tendresse.

LISETTE.

Allez, laissez-moi faire. Quelque sujet que j'aie de me plaindre de vous du secret que vous m'avez fait, je ne veux pas laisser de servir votre amour; et pourvu que vous ayez assez de résolution...

LUCINDE.

Mais que veux-tu que je fasse contre l'autorité d'un père? Et s'il est inexorable à mes vœux...

LISETTE.

Allez, allez, il ne faut pas se laisser mener comme un oison; et pourvu que l'honneur n'y soit pas offensé, on se peut libérer un peu de la tyrannie d'un père. Que prétend-il que vous fassiez? N'êtes vous pas en âge d'être mariée? et croit-il que vous soyez de marbre? Allez, encore un coup, je veux servir votre passion, je prends dès à présent sur moi tout le soin de ses intérêts, et vous verrez que je sais des détours... Mais je vois votre père. Rentrons, et me laissez agir.

SCENE V.

SGANARELLE, *seul.*

Il est bon quelquefois de ne point faire semblant

d'entendre les choses qu'on n'entend que trop bien; et j'ai fait sagement de parer la déclaration d'un désir que je ne suis pas résolu de contenter. A-t-on jamais rien vu de plus tyrannique que cette coutume où l'on veut assujettir les pères; rien de plus impertinent et de plus ridicule que d'amasser du bien avec de grands travaux, et d'élever une fille avec beaucoup de soin et de tendresse, pour se dépouiller de l'un et de l'autre entre les mains d'un homme qui ne nous touche de rien? Non, non, je me moque de cet usage, et je veux garder mon bien et ma fille pour moi.

SCÈNE VI.

SGANARELLE, LISETTE.

LISETTE, *courant sur le théâtre et feignant de ne pas voir Sganarelle.*

Ah! malheur! ah! disgrace! ah! pauvre seigneur Sganarelle, où pourrai-je te rencontrer?

SGANARELLE, *à part.*

Que dit-elle là?

LISETTE, *courant toujours.*

Ah! misérable père! que feras-tu quand tu sauras cette nouvelle?

SGANARELLE, *à part.*

Que sera-ce?

LISETTE.

Ma pauvre maîtresse!

SGANARELLE, *à part.*

Je suis perdu.

LISETTE.

Ah!

SGANARELLE, *courant après Lisette.*

Lisette.

LISETTE.

Quelle infortune!

SGANARELLE.

Lisette.

LISETTE.

Quel accident!

ACTE I, SCENE VI.

SGANARELLE.

Lisette.

LISETTE.

Quelle fatalité!

SGANARELLE.

Lisette.

LISETTE, *s'arrêtant.*

Ah! monsieur.

SGANARELLE.

Qu'est-ce?

LISETTE.

Monsieur...

SGANARELLE.

Qu'y a-t-il?

LISETTE.

Votre fille...

SGANARELLE.

Ah! ah!

LISETTE.

Monsieur, ne pleurez donc point comme cela, car vous me feriez rire.

SGANARELLE.

Dis donc vite.

LISETTE.

Votre fille, toute saisie des paroles que vous lui avez dites, et de la colère effroyable où elle vous a vu contre elle, est montée vite dans sa chambre, et, pleine de désespoir, a ouvert la fenêtre qui regarde sur la rivière.

SGANARELLE.

Hé bien!

LISETTE.

Alors levant les yeux au ciel: Non, a-t-elle dit, il m'est impossible de vivre avec le courroux de mon père; et, puisqu'il me renonce pour sa fille, je veux mourir.

SGANARELLE.

Elle s'est jetée?

LISETTE.

Non, monsieur: elle a fermé tout doucement la

fenêtre, et s'est allée mettre sur son lit. Là, elle s'est prise à pleurer amèrement; et tout d'un coup son visage a pâli, ses yeux se sont tournés, le cœur lui a manqué, et elle est demeurée entre mes bras.

SGANARELLE.

Ah! ma fille! [Elle est morte?

LISETTE.

Non, monsieur.] A force de la tourmenter, je l'ai fait revenir; mais cela lui reprend de moment en moment, et je crois qu'elle ne passera pas la journée.

SGANARELLE.

Champagne! Champagne! Champagne!

SCENE VII.

SGANARELLE, CHAMPAGNE, LISETTE.

SGANARELLE.

Vite, qu'on m'aille quérir des médecins, et en quantité. On n'en peut trop avoir dans une pareille aventure. Ah! ma fille! ma pauvre fille!

SCÈNE VIII.

PREMIÈRE ENTRÉE.

Champagne, valet de Sganarelle, frappe en dansant aux portes des quatre médecins.

SCENE IX.

Les quatre médecins dansent, et entrent avec cérémonie chez Sganarelle.

FIN DU PREMIER ACTE.

ACTE SECOND.

SCÈNE PREMIÈRE.

SGANARELLE, LISETTE.

LISETTE.
Que voulez-vous donc faire, monsieur, de quatre médecins? N'est-ce pas assez d'un pour tuer une personne?

SGANARELLE.
Taisez-vous. Quatre conseils valent mieux qu'un.

LISETTE.
Est-ce que votre fille ne peut pas bien mourir sans le secours de ces messieurs-là?

SGANARELLE.
Est-ce que les médecins font mourir?

LISETTE.
Sans doute; et j'ai connu un homme qui prouvait, par de bonnes raisons, qu'il ne faut jamais dire, une telle personne est morte, d'une fièvre et d'une fluxion sur la poitrine; mais, elle est morte de quatre médecins et de deux apothicaires.

SGANARELLE.
Chut! n'offensez pas ces messieurs-là.

LISETTE.
Ma foi, monsieur, notre chat est réchappé depuis peu d'un saut qu'il fit du haut de la maison dans la rue, et il fut trois jours sans manger, et sans pouvoir remuer ni pied ni patte; mais il est bienheureux de ce qu'il n'y a point de chats médecins, car ses affaires étaient faites, et ils n'auraient pas manqué de le purger et de le saigner.

SGANARELLE.
Voulez-vous vous taire? vous dis-je. Mais, voyez quelle impertinence? Les voici.

LISETTE.

Prenez garde, vous allez être bien édifié. Ils vous diront en latin que votre fille est malade.

SCÈNE II.

MM. TOMÈS, DESFONANDRÈS, MACROTON, BAHIS, SGANARELLE, LISETTE.

SGANARELLE.

Hé bien! messieurs?

M. TOMÈS.

Nous avons vu suffisamment la malade, et sans doute qu'il y a beaucoup d'impuretés en elle.

SGANARELLE.

Ma fille est impure!

M. TOMÈS.

Je veux dire qu'il y a beaucoup d'impuretés dans son corps, quantité d'humeurs corrompues.

SGANARELLE.

Ah! je vous entends.

M. TOMÈS.

Mais... Nous allons consulter ensemble.

SGANARELLE.

Allons, faites donner des sièges.

LISETTE, à *M Tomès.*

Ah! monsieur, vous en êtes!

SGANARELLE, à *Lisette.*

De quoi donc connaissez-vous monsieur?

LISETTE.

De l'avoir vu l'autre jour chez la bonne amie de madame votre nièce.

M. TOMÈS.

Comment se porte son cocher?

LISETTE.

Fort bien Il est mort.

M. TOMÈS.

Mort?

LISETTE.

Oui.

M. TOMÈS.
Cela ne se peut.
LISETTE.
Je ne sais pas si cela se peut, mais je sais bien que cela est.
M. TOMÈS.
Il ne peut pas être mort, vous dis-je.
LISETTE.
Et moi, je vous dis qu'il est mort et enterré.
M. TOMÈS.
Vous vous trompez.
LISETTE.
Je l'ai vu.
M. TOMÈS.
Cela est impossible. Hippocrate dit que ces sortes de maladies ne se terminent qu'au quatorze, ou au vingt-un ; et il n'y a que six jours qu'il est tombé malade.
LISETTE.
Hippocrate dira ce qu'il lui plaira ; mais le cocher est mort.
SGANARELLE.
Paix, discoureuse. Allons, sortons d'ici. Messieurs, je vous supplie de consulter de la bonne manière. Quoique ce ne soit pas la coutume de payer auparavant, toutefois, de peur que je ne l'oublie, et afin que ce soit une affaire faite, voici...
(*Il leur donne de l'argent, et chacun en le recevant fait un geste différent.*)

SCENE III.

MM. DESFONANDRÈS, TOMÈS, MACROTON, BAHIS.

(*Ils s'asseyent et toussent.*)

M. DESFONANDRÈS.
Paris est étrangement grand, et il faut faire de longs trajets quand la pratique donne un peu.

M. TOMÈS.

Il faut avouer que j'ai une mule admirable pour cela, et qu'on a peine à croire le chemin que je lui fais faire tous les jours.

M. DESFONANDRÈS.

J'ai un cheval merveilleux, et c'est un animal infatigable.

M. TOMÈS.

Savez-vous le chemin que ma mule a fait aujourd'hui. J'ai été, premièrement tout contre l'Arsenal; de l'Arsenal, au bout du faubourg Saint-Germain; du faubourg Saint-Germain, au fond du Marais; du fond du Marais, à la porte Saint-Honoré; de la porte Saint-Honoré, au faubourg Saint-Jacques; du faubourg Saint-Jacques, à la porte de Richelieu; de la porte de Richelieu, ici; d'ici, je dois aller encore à la Place Royale.

M. DESFONANDRÈS.

Mon cheval a fait tout cela aujourd'hui; et de plus, j'ai été à Ruel voir un malade.

M. TOMÈS.

Mais, à propos, quel parti prenez-vous dans la querelle des deux médecins Théophraste et Artémius? car c'est une affaire qui partage tout notre corps.

M. DESFONANDRÈS.

Moi, je suis pour Artémius.

M. TOMÈS.

Et moi aussi. Ce n'est pas que son avis, comme on a vu, n'ait tué le malade, et que celui de Théophraste ne fût beaucoup meilleur, assurément; mais enfin il a tort dans les circonstances, et il ne devait pas être d'un autre avis que son ancien. Qu'en dites-vous?

M. DESFONANDRÈS.

Sans doute. Il faut toujours garder les formalités, quoi qu'il puisse arriver.

M. TOMÈS.

Pour moi, j'y suis sévère en diable, à moins que ce ne soit entre amis; et l'on nous assembla un jour, trois de nous autres, avec un médecin de dehors, pour une consultation, où j'arrêtai toute l'affaire, et ne voulus point endurer qu'on opinât, si les choses n'allaient dans l'ordre. Les gens de la maison faisaient ce qu'ils pouvaient, et la maladie pressait; mais je n'en voulus point démordre, et la malade mourut bravement pendant cette contestation.

M. DESFONANDRÈS.

C'est fort bien fait d'apprendre aux gens à vivre, et de leur montrer leur becjaune.

M. TOMÈS.

Un homme mort n'est qu'un homme mort, et ne fait point de conséquence ; mais une formalité négligée porte un notable préjudice à tout le corps des médecins.

SCENE IV.

SGANARELLE, MM. TOMÈS, DESFONANDRÈS, MACROTON, BAHIS.

SGANARELLE.

Messieurs, l'oppression de ma fille augmente ; je vous prie de me dire vite ce que vous avez résolu.

M. TOMÈS *à M. Desfonandrès.*

Allons, monsieur.

M. DESFONANDRÈS.

Non, monsieur, parlez, s'il vous plaît.

M. TOMÈS.

Vous vous moquez.

M. DESFONANDRÈS.

Je ne parlerai pas le premier.

M. TOMÈS.

Monsieur.

M. DESFONANDRÈS.

Monsieur.

SGANARELLE.

Hé! de grace, messieurs, laissez toutes ces cérémonies, et songez que les choses pressent.

Ils parlent tous quatre à la fois.

M. TOMÈS.
La maladie de votre fille...
M. DESFONANDRÈS.
L'avis de tous ces messieurs tous ensemble...
M. MACROTON.
A-près a-voir bien con-sul-té...
M. BAHIS.
Pour raisonner...
SGANARELLE.
Hé! messieurs, parlez l'un après l'autre, de grace.
M. TOMÈS.
Monsieur, nous avons raisonné sur la maladie de votre fille, et mon avis, à moi, est que cela procède d'une grande chaleur de sang : ainsi je conclus à la saigner le plus tôt que vous pourrez.
M. DESFONANDRÈS.
Et moi, je dis que sa maladie est une pourriture d'humeurs causée par une trop grande réplétion : ainsi je conclus à lui donner de l'émétique.
M. TOMÈS.
Je soutiens que l'émétique la tuera.
M. DESFONANDRÈS.
Et moi, que la saignée la fera mourir.
M. TOMÈS.
C'est bien à vous de faire l'habile homme !
M. DESFONANDRÈS.
Oui, c'est à moi; et je vous prêterai le collet en tout genre d'érudition.
M. TOMÈS.
Souvenez-vous de l'homme que vous fîtes crever ces jours passés.
M. DESFONANDRÈS.
Souvenez de la dame que vous avez envoyée en l'autre monde, il y a trois jours.
M. TOMÈS, *à Sganarelle.*
Je vous ai dit mon avis.
M. DESFONANDRÈS, *à Sganarelle.*
Je vous ai dit ma pensée.

M. TOMÈS.

Si vous ne faites saigner tout à l'heure votre fille, c'est une personne morte. (*Il sort.*)

M. DESFONANDRÈS.

Si vous la faites saigner, elle ne sera pas en vie dans un quart d'heure. (*Il sort.*)

SCENE V.

SGANARELLE, MM. MACROTON, BAHIS.

SGANARELLE.

A qui croire des deux? et quelle résolution prendre sur des avis si opposés? Messieurs, je vous conjure de déterminer mon esprit, et de me dire sans passion ce que vous croyez le plus propre à soulager ma fille.

M. MACROTON.

Mon-si-eur, dans ces ma-tiè-res-là, il faut pro-cé-der a-vec-que cir-con-spec-ti-on, et ne ri-en fai-re, com-me on dit, à la vo-lé-e, d'au-tant que les fau-tes qu'on y peut fai-re sont, se-lon no-tre maî-tre Hip-po-cra-te, d'u-ne dan-ge-reu-se con-sé-quen-ce.

M. BAHIS, *bredouillant.*

Il est vrai, il faut bien prendre garde à ce qu'on fait; car ce ne sont point ici des jeux d'enfant; et, quand on a failli, il n'est pas aisé de réparer le manquement et de rétablir ce qu'on a gâté. *Experimentum periculosum.* C'est pourquoi il s'agit de raisonner auparavant comme il faut, de peser mûrement les choses, de regarder le tempérament des gens, d'examiner les causes de la maladie, et voir les remèdes qu'on y doit apporter.

SGANARELLE, *à part.*

L'un va en tortue, et l'autre court la poste.

M. MACROTON.

Or, mon-si-eur, pour ve-nir au fait, je trou-ve que vo-tre fil-le a u-ne ma-la-di-e chro-ni-que, et qu'el-le peut pé-ri-cli-ter si on ne lui don-ne du se-cours, d'au-tant que les sym-ptô-mes qu'el-le a sont in-di-ca-tifs d'u-ne va-peur fu-li-gi-neu-se et mor-di-can-te qui lui pi-co-te les mem-bra-nes du cer-veau. Or cette va-peur, que nous nom-mons en grec *al-mos*, est cau-sé-e par des hu-meurs pu-tri-des, te-na-ces et con-glu-ti-neu-ses, qui sont con-te-nu-es dans le bas ven-tre.

M. BAHIS.

Et comme ces humeurs ont été là engendrées par une longue succession de temps, elles s'y sont recuites, et ont acquis cette malignité qui fume vers la région du cerveau.

M. MACROTON.

Si bi-en donc que, pour ti-rer, dé-ta-cher, ar-ra-cher, ex-pul-ser, é-va-cuer les-di-tes hu-meurs, il faudra u-ne pur-ga-ti-on vi-gou-reu-se. Mais, au pré-a-la-ble, je trou-ve à pro-pos, et il n'y a pas d'in-con-vé-ni-ent, d'u-ser de pe-tits re-mè-des a-no-dins, c'est-à-di-re de pe-tits la-ve-ments ré-mol-li-ents et dé-ter-sifs, de ju-leps et de si-rops ra-frai-chis-sants qu'on mê-le-ra dans sa ti-sa-ne.

M. BAHIS.

Après, nous en viendrons à la purgation et à la saignée, que nous réitérerons s'il en est besoin.

M. MACROTON.

Ce n'est pas qu'a-vec tout cela vo-tre fil-le ne puis-se mou-rir ; mais au moins vous au-rez fait quel-que cho-se, et vous au-rez la con-so-la-tion qu'el-le se-ra mor-te dans les formes.

M. BAHIS.

Il vaut mieux mourir selon les règles, que de ré-chapper contre les règles.

M. MACROTON.

Nous vous di-sons sin-cè-re-ment no-tre pen-sé-e.

M. BAHIS.

Et vous avons parlé comme nous parlerions à notre frère.

SGANARELLE.

(*à M. Macroton, en allongeant ses mots.*)
Je vous rends très hum-bles gra-ces.

(à *M. Bahis, en bredouillant.*)
Et vous suis infiniment obligé de la peine que vous avez prise.

SCENE VI.

SGANARELLE, *seul.*

Me voilà justement un peu plus incertain que je n'étais auparavant. Morbleu! il me vient une fantaisie. Il faut que j'aille acheter de l'orviétan, et que je lui en fasse prendre; l'orviétan est un remède dont beaucoup de gens se sont bien trouvés. Holà!

SCENE VII.

DEUXIÈME ENTRÉE.

SGANARELLE, UN OPÉRATEUR.

SGANARELLE.

Monsieur, je vous prie de me donner une boîte de votre orviétan, que je m'en vais vous payer.

L'OPÉRATEUR *chante.*

L'or de tous les climats qu'entoure l'Océan
Peut-il jamais payer ce secret d'importance?
Mon remède guérit par sa rare excellence,
Plus de maux qu'on n'en peut nombrer dans tout un [an:
      La gale,
      La rogne,
      La teigne,
      La fièvre,
      La peste,
      La goutte,
      Vérole,
      Descente,
      Rougeole.
  O grande puissance
  De l'orviétan,

SGANARELLE.

Monsieur, je crois que tout l'or du monde n'est pas capable de payer votre remède; mais pourtant voici une pièce de trente sous, que vous prendrez, s'il vous plaît.

L'OPÉRATEUR *chante*.

Admirez mes bontés, et le peu qu'on vous vende.
Ce trésor merveilleux que ma main vous dispense
Vous pouvez, avec lui braver en assurance
Tous les maux que sur nous l'ire du ciel répand :
      La gale,
      La rogne,
      La teigne,
      La fièvre,
      La peste,
      La goutte,
      Vérole,
      Descente,
      Rougeole.
O grande puissance
De l'orviétan !

SCÈNE VIII.

Plusieurs Trivelins et plusieurs Scaramouches, valets de l'opérateur, se réjouissent en dansant.

FIN DU SECOND ACTE.

ACTE III.

SCÈNE PREMIÈRE.

MM. FILERIN, TOMÈS, DESFONANDRÈS.

M. FILERIN.

N'avez vous point de honte, messieurs, de montrer si peu de prudence, pour des gens de votre âge, et de vous être querellés comme de jeunes étourdis? Ne voyez-vous pas bien quel tort ces sortes de querelles nous font parmi le monde? et n'est-ce pas assez que les savants voient les contrariétés et les dissentions qui sont entre nos auteurs et nos anciens maîtres, sans découvrir encore au peuple, par nos débats et nos querelles, la forfanterie de notre art? Pour moi, je ne comprends rien du tout à cette méchante politique de quelques uns de nos gens, et il faut confesser que toutes ces contestations nous ont décriés depuis peu d'une étrange manière; et que, si nous n'y prenons garde, nous allons nous ruiner nous-mêmes. Je n'en parle pas pour mon intérêt; car, dieu merci, j'ai déjà établi mes petites affaires. Qu'il vente, qu'il pleuve, qu'il grêle; ceux qui sont morts sont morts, et j'ai de quoi me passer des vivants. Mais enfin toutes ces disputes ne valent rien pour la médecine. Puisque le ciel nous fait la grace que, depuis tant de siècles, on demeure infatué de nous, ne désabusons point les hommes avec nos cabales extravagantes, et profitons de leurs sottises le plus doucement que nous pourrons? Nous ne sommes pas les seuls, comme vous savez, qui tâchons à nous prévaloir de la faiblesse humaine. C'est là que va l'étude de la plupart du monde; et chacun s'efforce de prendre les hommes par leur faible pour en tirer quelque profit. Les flatteurs, par exemple, cherchent à profiter de l'amour que les hommes ont pour les louanges, en leur donnant tout le vain encens qu'ils souhaitent, et c'est un art où l'on fait, comme on voit, des fortunes considérables : les alchimistes tâchent à profiter de la passion que l'on a pour les richesses, en promettant des montagnes d'or à ceux qui les écoutent : les diseurs d'horoscopes, par leurs prédictions trompeuses, profitent de la vanité et de l'ambition des crédules esprits. Mais le plus grand faible des hommes, c'est l'amour qu'ils ont pour la vie; et nous en profitons, nous autres, par notre pompeux galimatias, et savons prendre nos avantages de cette vénération que la peur de mourir leur donne pour notre métier. Conservons-nous donc dans le degré d'estime où leur faiblesse nous a mis, et soyons de concert auprès des malades, pour nous attribuer les heureux succès de la maladie, et rejeter sur la nature toutes les bévues de notre art. N'allons point, dis-je, détruire sottement les heureuses préventions d'une erreur qui donne du pain à tant de personnes, et, de l'argent de ceux que nous mettons en terre, nous fait élever de tous côtés de si beaux héritages.

M. TOMÈS.

Vous avez raison en tout ce que vous dites; mais ce sont chaleurs de sang dont parfois on n'est pas le maître.

M. FILERIN.

Allons donc, messieurs, mettez bas toute rancune, et faisons ici votre accommodement.

M. DESFONANDRÈS.

J'y consens. Qu'il me passe mon émétique pour la malade dont il s'agit, et je lui passerai tout ce qu'il voudra pour le premier malade dont il sera question.

M. FILERIN.

On ne peut pas mieux dire; et voilà se mettre à la raison.

M. DESFONANDRÈS.

Cela est fait.

M. FILERIN.

Touchez donc là. Adieu. Une autre fois montrez plus de prudence.

SCÈNE II.

M. TOMÈS, M. DESFONANDRÈS, LISETTE.

LISETTE.

Quoi! messieurs, vous voilà, et vous ne songez pas à réparer le tort qu'on vient de faire à la médecine!

M. TOMÈS.

Comment? Qu'est-ce?

LISETTE.

Un insolent, qui a eu l'effronterie d'entreprendre sur votre métier; et, qui, sans votre ordonnance, vient de tuer un homme d'un grand coup d'épée au travers du corps.

M. TOMÈS.

Écoutez: vous faites la railleuse; mais vous passerez par nos mains quelque jour.

LISETTE.

Je vous permets de me tuer lorsque j'aurai recours à vous.

SCÈNE III.

CLITANDRE, *en habit de médecin;* LISETTE.

CLITANDRE.

Hé bien! Lisette, que dis-tu de mon équipage? crois-tu qu'avec cet habit je puisse duper le bon homme? me trouves-tu bien ainsi?

LISETTE.

Le mieux du monde, et je vous attendais avec impatience. Enfin le ciel m'a fait d'un naturel le plus humain du monde, et je ne puis voir deux amants soupirer l'un pour l'autre, qu'il ne me prenne une tendresse charitable, et un désir ardent de soulager les maux qu'ils souffrent. Je veux, à quelque prix que ce soit, tirer Lucinde de la tyrannie où elle est, et la mettre en votre pouvoir. Vous m'avez plu d'abord; je me connais en gens, et elle ne peut pas mieux choisir. L'amour risque des choses extraordinaires, et nous avons concerté ensemble une manière de stratagème qui pourra peut être nous réussir. Toutes nos mesures sont déjà prises; l'homme à qui nous avons affaire, n'est pas des plus fins de ce monde ; et, si cette aventure nous manque, nous trouverons mille autres voies pour arriver à notre but. Attendez-moi là seulement, je reviens vous quérir.

(*Clitandre se retire dans le fond du théâtre.*)

SCENE IV.

SGANARELLE, LISETTE.

LISETTE.

Monsieur, allégresse ! allégresse !

SGANARELLE.

Qu'est-ce?

LISETTE.

Réjouissez-vous.

SGANARELLE.

De quoi?

LISETTE.

Réjouissez-vous, vous dis-je.

SGANARELLE.

Dis-moi donc ce que c'est, et puis je me réjouirai peut-être.

LISETTE.

Non. Je veux que vous vous réjouissiez auparavant, que vous chantiez, que vous dansiez.

SGANARELLE.

Sur quoi?

LISETTE.

Sur ma parole.

SGANARELLE.

(*Il chante et danse.*)
Allons donc. La lera la la, la, lera la. Que diable!

LISETTE.

Monsieur, votre fille est guérie.

SGANARELLE.
Ma fille est guérie !
LISETTE.
Oui. Je vous amène un médecin, mais un médecin d'importance, qui fait des cures merveilleuses, et qui se moque des autres médecins.
SGANARELLE.
Où est-il ?
LISETTE.
Je vais le faire entrer.
SGANARELLE, seul.
Il faut voir si celui-ci fera plus que les autres.

SCÈNE V.

CLITANDRE, en habit de médecin; SGANARELLE, LISETTE.

LISETTE, amenant Clitandre.
Le voici.
SGANARELLE.
Voilà un médecin qui a la barbe bien jeune.
LISETTE.
La science ne se mesure pas à la barbe, et ce n'est pas par le menton qu'il est habile.
SGANARELLE.
Monsieur, on m'a dit que vous aviez des remèdes admirables pour faire aller à la selle.
CLITANDRE.
Monsieur, mes remèdes sont différents de ceux des autres. Ils ont l'émétique, les saignées, les médecines et les lavements; mais moi je guéris par des paroles, par des sons, par des lettres, par des talismans, et par des anneaux constellés.
LISETTE.
Que vous ai-je dit?
SGANARELLE.
Voilà un grand homme !
LISETTE.
Monsieur, comme votre fille est là tout habillée dans une chaise, je vais la faire passer ici.

SGANARELLE, *à part.*

Voilà un habile homme !

CLITANDRE.

Et j'ai eu, et aurai pour lui, toute ma vie une aversion effroyable.

SGANARELLE, *à part.*

Voilà un grand médecin !

CLITANDRE.

Mais, comme il faut flatter l'imagination des malades, et que j'ai vu en elle de l'aliénation d'esprit, et même qu'il y avait du péril à ne lui pas donner un prompt secours, je l'ai prise par son faible, et lui ai dit que j'étais venu ici pour vous la demander en mariage. Soudain son visage a changé, son teint s'est éclairci, ses yeux se sont animés; et si vous voulez, pour quelques jours, l'entretenir dans cette erreur, vous verrez que nous la tirerons d'où elle est.

SGANARELLE.

Oui-dà, je le veux bien.

CLITANDRE.

Après, nous ferons agir d'autres remèdes pour la guérir entièrement de cette fantaisie.

SGANARELLE.

Oui, cela est le mieux du monde. Hé bien ! ma fille, voilà monsieur qui a envie de t'épouser, et je lui ai dit que je le voulais bien.

LUCINDE.

Hélas ! est-il possible ?

SGANARELLE.

Oui.

LUCINDE.

Mais tout de bon ?

SGANARELLE.

Oui, oui.

LUCINDE, *à Clitandre.*

Quoi ! vous êtes dans les sentiments d'être mon mari ?

CLITANDRE.

Oui, madame.

ACTE III, SCENE VI.

LUCINDE.

Et mon père y consent?

SGANARELLE.

Oui, ma fille.

LUCINDE.

Ah! que je suis heureuse, si cela est véritable!

CLITANDRE.

N'en doutez point, madame. Ce n'est pas d'aujourd'hui que je vous aime, et que je brûle de me voir votre mari. Je ne suis venu ici que pour cela; et, si vous voulez que je vous dise nettement les choses comme elles sont, cet habit n'est qu'un pur prétexte inventé, et je n'ai fait le médecin que pour m'approcher de vous, et obtenir plus facilement ce que je souhaite.

LUCINDE.

C'est me donner des marques d'un amour bien tendre, et j'y suis sensible autant que je puis.

SGANARELLE, *à part*.

O la folle! ô la folle! ô la folle!

LUCINDE.

Vous voulez donc bien, mon père, me donner monsieur pour époux?

SGANARELLE.

Oui, çà, donne-moi ta main. Donnez-moi aussi un peu la vôtre, pour voir.

CLITANDRE.

Mais, monsieur....

SGANARELLE, *étouffant de rire*.

Non, non, c'est pour... pour lui contenter l'esprit. Touchez là. Voilà qui est fait.

CLITANDRE.

Acceptez, pour gage de ma foi, cet anneau que je vous donne. (*bas à Sganarelle.*) C'est un anneau constellé, qui guérit les égarements d'esprit.

LUCINDE.

Faisons donc le contrat, afin que rien n'y manque.

CLITANDRE.

Hélas! je le veux bien, madame. (*bas à Sgana-*

relle.) Je vais faire monter l'homme qui écrit mes remèdes, et lui faire croire que c'est un notaire.

SGANARELLE.

Fort bien.

CLITANDRE.

Holà ! faites monter le notaire que j'ai amené avec moi.

LUCINDE.

Quoi vous aviez amené un notaire ?

CLITANDRE.

Oui, madame.

LUCINDE.

J'en suis ravie.

SGANARELLE.

O la folle ! ô la folle !

SCENE VII.

LE NOTAIRE, CLITANDRE, SGANARELLE, LUCINDE, LISETTE.

(*Clitandre parle bas au notaire.*)

SGANARELLE, *au notaire*.

Oui, monsieur, il faut faire un contrat pour ces deux personnes-là. Écrivez. (*à Lucinde.*) Voilà le contrat qu'on fait. (*au notaire.*) Je lui donne vingt mille écus en mariage. Écrivez.

LUCINDE.

Je vous suis bien obligée, mon père.

LE NOTAIRE.

Voilà qui est fait. Vous n'avez qu'à venir signer.

SGANARELLE.

Voilà un contrat bientôt bâti.

CLITANDRE, *à Sganarelle.*

Mais, au moins, monsieur...

SGANARELLE.

Hé ! non, vous dis-je. Sait-on pas bien...? (*au notaire.*) Allons, donnez-lui la plume pour signer. (*à Lucinde.*) Allons, signe, signe, signe. Va, va, je signerai tantôt, moi.

ACTE III, SCÈNE VII.

LUCINDE.

Non, non, je veux avoir le contrat entre mes mains.

SGANARELLE.

Hé bien ! tiens. (*après avoir signé.*) Es-tu contente ?

LUCINDE.

Plus qu'on ne peut s'imaginer.

SGANARELLE.

Voilà qui est bien, voilà qui est bien.

CLITANDRE.

Au reste, je n'ai pas eu seulement la précaution d'amener un notaire; j'ai eu celle encore de faire venir des voix, des instruments et des danseurs, pour célébrer la fête et pour nous réjouir. Qu'on les fasse venir. Ce sont des gens que je mène avec moi; et dont je me sers tous les jours pour pacifier, avec leur harmonie et leurs danses, les troubles de l'esprit.

SCÈNE VIII.

SGANARELLE, LUCINDE, CLITANDRE, LISETTE.

TROISIÈME ENTRÉE.

LA COMÉDIE, LE BALLET, LA MUSIQUE, JEUX, RIS, PLAISIRS.

LA COMÉDIE, LE BALLET, LA MUSIQUE, *ensemble.*

Sans nous tous les hommes
Deviendraient malsains ;
Et c'est nous qui sommes
Leurs grands médecins.

LA COMÉDIE.

Veut-on qu'on rabatte,
Par des moyens doux,
Les vapeurs de rate
Qui nous minent tous ?
Qu'on laisse Hippocrate,
Et qu'on vienne à nous.

TOUS TROIS ENSEMBLE.

Sans nous tous les hommes
Deviendraient malsains ;
Et c'est nous qui sommes
Leurs grands médecins.

(*Pendant que les jeux, les Ris et les Plaisirs dansent, Clitandre emmène Lucinde.*)

SCÈNE IX.

SGANARELLE, LISETTE, LA COMÉDIE, LA MUSIQUE, LE BALLET, JEUX, RIS, PLAISIRS.

SGANARELLE.

Voilà une plaisante façon de guérir ! Où est donc ma fille et le médecin ?

LISETTE.

Ils sont allés achever le reste du mariage.

SGANARELLE.

Comment ! le mariage,

LISETTE.

Ma foi, monsieur, la bécasse est bridée, et vous avez cru faire un jeu, qui demeure une vérité.

SGANARELLE.

Comment diable ! (*Il veut aller après Clitandre et Lucinde, les danseurs le retiennent.*) Laissez-moi aller, laissez-moi aller, vous dis-je. (*Les danseurs le retiennent toujours.*) Encore ! *Ils veulent faire danser Sganarelle de force.*) Peste des gens !

FIN DE L'AMOUR MÉDECIN.

LE MISANTHROPE,

COMÉDIE EN CINQ ACTES ET EN VERS.

PERSONNAGES.

ALCESTE, amant de Célimène.
PHILINTE, ami d'Alceste.
ORONTE, amant de Célimène.
CÉLIMÈNE.
ÉLIANTE, cousine de Célimène.
ARSINOÉ, amie de Célimène.
ACASTE, } marquis.
CLITANDRE,
DUBOIS, valet d'Alceste.
BASQUE, valet de Célimène.
UN GARDE de la maréchaussée de France.

La scène est à Paris, dans la maison de Célimène.

LE MISANTHROPE.

ACTE PREMIER.

SCÈNE PREMIÈRE.
PHILINTE, ALCESTE.

PHILINTE.
Qu'est-ce donc? qu'avez-vous?
ALCESTE, *assis*.
Laissez-moi, je vous prie.
PHILINTE.
Mais encor, dites-moi, quelle bizarrerie....
ALCESTE.
Laissez-moi là, vous dis-je, et courez vous cacher.
PHILINTE.
Mais on entend les gens, au moins, sans se fâcher.
ALCESTE.
Moi, je veux me fâcher, et ne veux point entendre.
PHILINTE.
Dans vos brusques chagrins je ne puis vous comprendre,
Et, quoique amis, enfin, je suis tout des premiers...
ALCESTE, *se levant brusquement*.
Moi, votre ami? Rayez cela de vos papiers.
J'ai fait jusques ici profession de l'être;
Mais, après ce qu'en vous je viens de voir paraître,
Je vous déclare net que je ne le suis plus,
Et ne veux nulle place en des cœurs corrompus.
PHILINTE.
Je suis donc bien coupable, Alceste, à votre compte?

ALCESTE.

Allez, vous devriez mourir de pure honte ;
Une telle action ne saurait s'excuser,
Et tout homme d'honneur s'en doit scandaliser.
Je vous vois accabler un homme de caresses,
Et témoigner pour lui les dernières tendresses ;
De protestations, d'offres et de serments,
Vous chargez la fureur de vos embrassements ;
Et, quand je vous demande après quel est cet homme,
A peine pouvez-vous dire comme il se nomme ;
Votre chaleur pour lui tombe en vous séparant,
Et vous me le traitez, à moi, d'indifférent.
Morbleu! c'est une chose indigne, lâche, infame,
De s'abaisser ainsi jusqu'à trahir son ame ;
Et si, par un malheur, j'en avais fait autant,
Je m'irais, de regret, pendre tout à l'instant.

PHILINTE.

Je ne vois pas, pour moi, que le cas soit pendable ;
Et je vous supplierai d'avoir pour agréable,
Que je me fasse un peu grace sur votre arrêt,
Et ne me pende pas pour cela, s'il vous plaît.

ALCESTE.

Que la plaisanterie est de mauvaise grace !

PHILINTE.

Mais, sérieusement, que voulez-vous qu'on fasse ?

ALCESTE.

Je veux qu'on soit sincère, et qu'en homme d'honneur,
On ne lâche aucun mot qui ne parte du cœur.

PHILINTE.

Lorsqu'un homme vous vient embrasser avec joie,
Il faut bien le payer de la même monnoie ;
Répondre, comme on peut, à ses empressements,
Et rendre offre pour offre, et serments pour serments.

ALCESTE.

Non, je ne puis souffrir cette lâche méthode
Qu'affectent la plupart de vos gens à la mode ;
Et je ne hais rien tant que les contorsions
De tous ces grands faiseurs de protestations,

Ces affables donneurs d'embrassades frivoles,
Ces obligeants diseurs d'inutiles paroles,
Qui de civilités avec tous font combat,
Et traitent du même air l'honnête homme et le fat.
Quel avantage a-t-on qu'un homme vous caresse,
Vous jure amitié, foi, zèle, estime, tendresse,
Et vous fasse de vous un éloge éclatant,
Lorsqu'au premier faquin il court en faire autant?
Non, non, il n'est point d'ame un peu bien située,
Qui veuille d'une estime ainsi prostituée,
Et la plus glorieuse a des régals peu chers,
Dès qu'on voit qu'on nous mêle avec tout l'univers :
Sur quelque préférence une estime se fonde;
Et c'est n'estimer rien qu'estimer tout le monde.
Puisque vous y donnez, dans ces vices du temps,
Morbleu! vous n'êtes pas pour être de mes gens;
Je refuse d'un cœur la vaste complaisance
Qui ne fait de mérite aucune différence :
Je veux qu'on me distingue ; et, pour le trancher net,
L'ami du genre humain n'est point du tout mon fait.

PHILINTE.

Mais, quand on est du monde, il faut bien que l'on rende
Quelques dehors civils que l'usage demande.

ALCESTE.

Non, vous dis-je ; on devrait châtier sans pitié
Ce commerce honteux de semblant d'amitié.
Je veux que l'on soit homme, et qu'en toute rencontre,
Le fond de notre cœur dans nos discours se montre,
Que ce soit lui qui parle ; et que nos sentiments
Ne se masquent jamais sous de vains compliments.

PHILINTE.

Il est bien des endroits où la pleine franchise
Deviendrait ridicule et serait peu permise;
Et parfois, n'en déplaise à votre austère honneur,
Il est bon de cacher ce qu'on a dans le cœur.
Serait-il à propos, et de la bienséance,
De dire à mille gens tout ce que d'eux on pense?
Et, quand on a quelqu'un qu'on hait ou qui déplaît,
Lui doit-on déclarer la chose comme elle est?

ALCESTE.
Oui.

PHILINTE.
Quoi ! vous iriez dire à la vieille Emilie,
Qu'à son âge il sied mal de faire la jolie,
Et que le blanc qu'elle a scandalise chacun ?

ALCESTE.
Sans doute.

PHILINTE.
A Dorilas, qu'il est trop importun ;
Et qu'il n'est, à la cour, oreille qu'il ne lasse
A conter sa bravoure et l'éclat de sa race ?

ALCESTE.
Fort bien.

PHILINTE.
Vous vous moquez.

ALCESTE.
Je ne me moque point ;
Et je vais n'épargner personne sur ce point.
Mes yeux sont trop blessés, et la cour et la ville
Ne m'offrent rien qu'objets à m'échauffer la bile ;
J'entre en une humeur noire, en un chagrin profond,
Quand je vois vivre entre eux les hommes comme ils font ;
Je ne trouve partout que lâche flatterie,
Qu'injustice, intérêt, trahison, fourberie :
Je n'y puis plus tenir, j'enrage ; et mon dessein
Est de rompre en visière à tout le genre humain.

PHILINTE.
Ce chagrin philosophe est un peu trop sauvage.
Je ris des noirs accès où je vous envisage ;
Et crois voir, en nous deux, sous mêmes soins nourris,
Ces deux frères que peint l'Ecole des Maris,
Dont...

ALCESTE.
Mon Dieu ! laissons là vos comparaisons fades.

PHILINTE.
Non : tout de bon, quittez toutes ces incartades.

Le monde par vos soins ne se changera pas :
Et puisque la franchise a pour vous tant d'appas,
Je vous dirai, tout franc, que cette maladie,
Partout où vous allez, donne la comédie;
Et qu'un si grand courroux contre les mœurs du temps,
Vous tourne en ridicule auprès de bien des gens.

ALCESTE.

Tant mieux, morbleu? tant mieux, c'est ce que je demande
Ce m'est un fort bon signe, et ma joie en est grande.
Tous les hommes me sont à tel point odieux,
Qe je serais faché d'être sage à leurs yeux.

PHILINTE.

Vous voulez un grand mal à la nature humaine!

ALCESTE.

Oui; j'ai conçu pour elle une effroyable haine.

PHILINTE.

Tous les pauvres mortels, sans nulle exception,
Seront enveloppés dans cette aversion?
Encore en est-il bien, dans le siècle où nous sommes...

ALCESTE.

Non, elle est générale, et je hais tous les hommes,
Les uns, parce qu'ils sont méchants et malfaisants,
Et les autres, pour être aux méchants complaisants,
Et n'avoir pas pour eux ces haines vigoureuses
Que doit donner le vice aux ames vertueuses.
De cette complaisance on voit l'injuste excès,
Pour le franc scélérat avec qui j'ai procès.
Au travers de son masque, on voit à plein le traître,
Partout il est connu pour tout ce qu'il peut être ;
Et ses roulements d'yeux, et son ton radouci,
N'imposent qu'a des gens qui ne sont point d'ici.
On sait que ce pied-plat, digne qu'on le confonde,
Par de sales emplois s'est poussé dans le monde,
Et que par eux son sort, de splendeur revêtu,
Fait gronder le mérite et rougir la vertu;
Quelques titres honteux qu'en tous lieux on lui donne,
Son misérable honneur ne voit pour lui personne :

Nommez-lé fourbe, infâme, et scélérat maudit,
Tout le monde en convient, et nul n'y contredit;
Cependant sa grimace est partout bien venue,
On l'accueille, on lui rit, partout il s'insinue;
Et, s'il est, par la brigue, un rang à disputer,
Sur le plus honnête homme on le voit l'emporter.
Têtebleu! ce me sont de mortelles blessures,
De voir qu'avec le vice on garde des mesures;
Et parfois il me prend des mouvements soudains
De fuir dans un désert l'approche des humains.

PHILINTE.

Mon Dieu! des mœurs du temps mettons-nous moins
Et faisons un peu grace à la nature humaine; [en peine,
Ne l'examinons point dans la grande rigueur.
Et voyons ses défauts avec quelque douceur,
Il faut, parmi le monde, une vertu traitable;
A force de sagesse on peut être blamable :
La parfaite raison fuit toute extrémité,
Et veut que l'on soit sage avec sobriété.
Cette grande raideur des vertus des vieux âges,
Heurte trop notre siècle et les communs usages;
Elle veut aux mortels trop de perfection :
Il faut fléchir aux temps, sans obstination;
Et c'est une folie, à nulle autre seconde,
De vouloir se mêler de corriger le monde.
J'observe, comme vous, cent choses tous les jours,
Qui pourraient mieux aller, prenant un autre cours;
Mais, quoi qu'à chaque pas je puisse voir paraître,
En courroux, comme vous, on ne me voit point être;
Je prends tout doucement les hommes comme ils sont,
J'accoutume mon ame à souffrir ce qu'ils font :
Et je crois qu'à la cour, de même qu'à la ville,
Mon flegme est philosophe autant que votre bile.

ALCESTE.

Mais ce flegme, Monsieur, qui raisonnez si bien,
Ce flegme pourra-t-il ne s'échauffer de rien?
Et s'il faut, par hasard, qu'un ami vous trahisse,
Que, pour avoir vos biens on dresse un artifice,

ACTE I, SCÈNE I.

Ou qu'on tâche à semer de méchants bruits de vous,
Verrez-vous tout cela sans vous mettre en courroux?

PHILINTE.

Oui, je vois ces défauts dont votre ame murmure,
Comme vices unis à l'humaine nature;
Et mon esprit enfin n'est pas plus offensé
De voir un homme fourbe, injuste, intéressé,
Que de voir des vautours affamés de carnage,
Des singes malfaisants, et des loups pleins de rage.

ALCESTE.

Je me verrai trahir, mettre en pièces, voler,
Sans que je sois... Morbleu! je ne veux point parler,
Tant ce raisonnement est plein d'impertinence!

PHILINTE.

Ma foi, vous ferez bien de garder le silence.
Contre votre partie éclatez un peu moins,
Et donnez au procès une part de vos soins.

ALCESTE.

Je n'en donnerai point, c'est une chose dite.

PHILINTE.

Mais qui voulez-vous donc qui pour vous sollicite?

ALCESTE.

Qui, je veux? la raison, mon bon droit, l'équité.

PHILINTE.

Aucun juge par vous ne sera visité?

ALCESTE.

Non. Est-ce que ma cause est injuste ou douteuse?

PHILINTE.

J'en demeure d'accord; mais la brigue est fâcheuse,
Et...

ALCESTE.

    Non. J'ai résolu de ne pas faire un pas.
J'ai tort, ou j'ai raison.

PHILINTE.

        Ne vous y fiez pas,

ALCESTE.

Je ne remuerai point.

PHILINTE.

Votre partie est forte,
Et peut, par sa cabale, entraîner...

ALCESTE.

Il n'importe.

PHILINTE.

Vous vous tromperez.

ALCESTE.

Soit. J'en veux voir le succès.

PHILINTE.

Mais...

ALCESTE.

J'aurai le plaisir de perdre mon procès.

PHILINTE.

Mais enfin...

ALCESTE.

Je verrai dans cette plaiderie,
Si les hommes auront assez d'effronterie,
Seront assez méchants, scélérats et pervers,
Pour me faire injustice aux yeux de l'univers.

PHILINTE.

Quel homme!

ALCESTE.

Je voudrais, m'en coutât-il grand'chose,
Pour la beauté du fait, avoir perdu ma cause.

PHILINTE.

On se rirait de vous, Alceste, tout de bon
Si l'on vous entendait parler de la façon.

ALCESTE.

Tant pis pour qui rirait.

PHILINTE.

Mais cette rectitude
Que vous voulez en tout avec exactitude,

Cette pleine droiture, où vous vous renfermez,
La trouvez-vous ici dans ce que vous aimez?
Je m'étonne, pour moi, qu'étant, comme il le semble,
Vous et le genre humain, si fort brouillés ensemble,
Malgré tout ce qui peut vous le rendre odieux,
Vous ayez pris chez lui ce qui charme vos yeux;
Et ce qui me surprend encore davantage,
C'est cet étrange choix où votre cœur s'engage.
La sincère Eliante a du penchant pour vous,
La prude Arsinoé vous voit d'un œil fort doux;
Cependant à leurs vœux votre âme se refuse,
Tandis qu'en ses liens Célimène l'amuse,
De qui l'humeur coquette et l'esprit médisant
Semblent si fort donner dans les mœurs d'à présent.
D'où vient que, leur portant une haine mortelle,
Vous pouvez bien souffrir ce qu'en tient cette belle?
Ne sont-ce plus défauts dans un objet si doux?
Ne les voyons-nous pas, où les excusez-vous?

ALCESTE.

Non; l'amour que je sens pour cette jeune veuve
Ne ferme point mes yeux aux défauts qu'on lui treuve (1).
Et je suis, quelque ardeur qu'elle m'ait pu donner,
Le premier à les voir, comme à les condamner.
Mais avec tout cela, quoi que je puisse faire,
Je confesse mon faible, elle a l'art de me plaire:
J'ai beau voir ses défauts, et j'ai beau l'en blâmer,
En dépit qu'on en ait, elle se fait aimer;
Sa grace est la plus forte; et, sans doute, ma flamme
De ces vices du temps pourra purger son ame.

PHILINTE.

Si vous faites cela, vous ne ferez pas peu.
Vous croyez être donc aimé d'elle?

ALCESTE.

                      Oui, parbleu!
Je ne l'aimerais pas si je ne croyais l'être.

---

(1) Le mot treuve, dont se servaient nos premiers poètes,
a vieilli et est devenu tout à fait inusité.

PHILINTE.
Mais si son amitié pour vous se fait paraître,
D'où vient que vos rivaux vous causent de l'ennui?

ALCESTE.
C'est qu'un cœur bien atteint veut qu'on soit tout à lui;
Et je ne viens ici qu'à dessein de lui dire
Tout ce que là-dessus ma passion m'inspire.

PHILINTE.
Pour moi, si je n'avais qu'à former des désirs,
Sa cousine Eliante aurait tous mes soupirs :
Son cœur, qui vous estime, est solide et sincère,
Et ce choix plus conforme était mieux votre affaire.

ALCESTE.
Il est vrai; ma raison me le dit chaque jour;
Mais la raison n'est pas ce qui règle l'amour.

PHILINTE.
Je crains fort pour vos feux, et l'espoir où vous êtes
Pourrait...

SCÈNE II.

ORONTE, ALCESTE, PHILINTE.

ORONTE, à *Alceste.*
J'ai su là-bas que, pour quelques emplettes,
Eliante est sortie, et Célimène aussi.
Mais comme l'on m'a dit que vous étiez ici,
J'ai monté pour vous dire, et d'un cœur véritable,
Que j'ai conçu pour vous une estime incroyable,
Et que depuis longtemps cette estime m'a mis
Dans un ardent désir d'être de vos amis.
Oui, mon cœur au mérite aime à rendre justice,
Et je brûle qu'un nœud d'amitié nous unisse.
Je crois qu'un ami chaud, et de ma qualité,
N'est pas assurément pour être rejeté.
(*Pendant le discours d'Oronte, Alceste est rêveur, sans
faire attention que c'est à lui qu'on parle, et ne sort de
sa rêverie que quand Oronte lui dit :*)
C'est à vous, s'il vous plaît, que ce discours s'adresse.

ACTE I, SCÈNE II.

ALCESTE.

A moi, Monsieur?

ORONTE.

A vous : trouvez-vous qu'il vous blesse?

ALCESTE.

Non pas. Mais la surprise est fort grande pour moi,
Et je n'attendais pas l'honneur que je reçoi.

ORONTE.

L'estime où je vous tiens ne doit pas vous surprendre,
Et de tout l'univers vous la pouvez prétendre.

ALCESTE.

Monsieur...

ORONTE.

L'état n'a rien qui ne soit au dessous
Du mérite éclatant que l'on découvre en vous.

ALCESTE.

Monsieur...

ORONTE.

Oui, de ma part, je vous tiens préférable
A tout ce que j'y vois de plus considérable.

ALCESTE.

Monsieur...

ORONTE.

Sois-je du ciel écrasé, si je mens!
Et pour vous confirmer ici mes sentiments,
Souffrez qu'à cœur ouvert, Monsieur, je vous embrasse,
Et qu'en votre amitié je vous demande place.
Touchez-là, s'il vous plaît. Vous me la promettez,
Votre amitié!

ALCESTE.

Monsieur...

ORONTE.

Quoi! vous y résistez?

ALCESTE.

Monsieur, c'est trop d'honneur que vous me voulez faire,
Mais l'amitié demande un peu plus de mystère;

Et c'est assurément en profaner le nom,
Que de vouloir le mettre à toute occasion.
Avec lumière et choix cette union veut naître;
Avant que de nous lier il faut nous mieux connaître;
Et nous pourrions avoir telles complexions,
Que tous deux du marché nous nous repentirions.

ORONTE.

Parbleu! c'est là dessus parler en homme sage,
Et je vous en estime encore davantage.
Souffrons donc que le temps forme des nœuds si doux;
Mais cependant je m'offre entièrement à vous.
S'il faut faire à la cour pour vous quelque ouverture,
On sait qu'auprès du roi je fais quelque figure;
Il m'écoute, et dans tout il en use, ma foi,
Le plus honnêtement du monde avecque moi.
Enfin je suis à vous de toutes les manières;
Et comme votre esprit a de grandes lumières,
Je viens, pour commencer entre nous ce beau nœud,
Vous montrer un sonnet que j'ai fait depuis peu,
Et savoir s'il est bon qu'au public je l'expose.

ALCESTE.

Monsieur, je suis peu propre à décider la chose;
Veuillez m'en dispenser.

ORONTE.
　　　　Pourquoi?

ALCESTE.
　　　　　　　J'ai le défaut
D'être un peu plus sincère en cela qu'il ne faut.

ORONTE.

C'est ce que je demande; et j'aurais lieu de plainte
Si, m'adressant à vous, pour me parler sans feinte,
Vous alliez me trahir, et me déguiser rien.

ALCESTE.

Puisqu'il vous plaît ainsi, Monsieur, je le veux bien.

ORONTE.

Sonnet. C'est un sonnet. L'espoir... C'est une dame
Qui de quelque espérance avait flatté ma flamme.

ACTE I, SCÈNE II.

L'*espoir*...Ce ne sont point de ces grands vers pompeux,
Mais de petits vers doux, tendres et langoureux.

ALCESTE.

Nous verrons bien.

ORONTE.

L'*espoir*... Je ne sais si le style
Pourra vous en paraître assez net et facile,
Et si du choix des mots vous vous contenterez.

ALCESTE.

Nous allons voir, Monsieur.

ORONTE.

Au reste, vous saurez
Que je n'ai demeuré qu'un quart d'heure à le faire.

ALCESTE.

Voyons, Monsieur; le temps ne fait rien à l'affaire.

ORONTE *lit*.

« L'espoir, il est vrai, nous soulage,
« Et nous berce un temps notre ennui;
« Mais, Philis, le triste avantage,
« Lorsque rien ne marche après lui !

PHILINTE.

Je suis déjà charmé de ce petit morceau.

ALCESTE, *bas à Philinte*.

Quoi ! vous avez le front de trouver cela beau ?

ORONTE.

« Vous eûtes de la complaisance;
« Mais vous en deviez moins avoir,
« Et ne pas vous mettre en dépense,
« Pour ne me donner que l'espoir.

PHILINTE.

Ah ! qu'en termes galants ces choses là sont mises !

ALCESTE, *bas à Philinte*.

Eh quoi ! vil complaisant, vous louez des sottises !

ORONTE.

« S'il faut qu'une attente éternelle
« Pousse à bout l'ardeur de mon zèle,

« Le trépas sera mon recours.

« Vos soins ne m'en peuvent distraire ;
« Belle Philis, on désespère
« Alors qu'on espère toujours. »

PHILINTE.

La chute en est jolie, amoureuse, admirable.

ALCESTE, *bas, à part.*

La peste de ta chute! empoisonneur au diable!
En eusses-tu fait une à te casser le nez!

PHILINTE.

Je n'ai jamais ouï de vers si bien tournés.

ALCESTE, *bas, à part.*

Morbleu!

ORONTE, *à Philinte.*

Vous me flattez, et vous croyez peut-être...

PHILINTE.

Non, je ne flatte point.

ALCESTE, *bas, à part.*

Eh! que fais-tu donc, traître!

ORONTE, *à Alceste.*

Mais, pour vous, vous savez quel est notre traité.
Parlez-moi, je vous prie, avec sincérité.

ALCESTE.

Monsieur, cette matière est toujours délicate,
Et sur le bel esprit nous aimons qu'on nous flatte.
Mais un jour, à quelqu'un, dont je tairai le nom,
Je disais, en voyant des vers de sa façon,
Qu'il faut qu'un galant homme ait toujours grand empire
Sur les démangeaisons qui nous prennent d'écrire ;
Qu'il doit tenir la bride aux grands empressements
Qu'on a de faire éclat de tels amusements ;
Et que, par la chaleur de montrer ses ouvrages,
On s'expose à jouer de mauvais personnages.

ORONTE.

Est-ce que vous voulez me déclarer par là
Que j'ai tort de vouloir...

ACTE I, SCÈNE II.

ALCESTE.

Je ne dis pas cela.
Mais je lui disais, moi, qu'un froid écrit assomme;
Qu'il ne faut que ce faible à décrier un homme;
Et qu'eût-on, d'autre part, cent belles qualités,
On regarde les gens par leurs méchants côtés.

ORONTE.

Est-ce qu'à mon sonnet vous trouvez à redire?

ALCESTE.

Je ne dis pas cela. Mais, pour ne point écrire,
Je lui mettais aux yeux comme dans notre temps
Cette soif a gâté de fort honnêtes gens.

ORONTE.

Est-ce que j'écris mal? et leur ressemblerais-je?

ALCESTE.

Je ne dis pas cela. Mais enfin, lui disais-je,
Quel besoin si pressant avez-vous de rimer,
Et qui diantre vous pousse à vous faire imprimer?
Si l'on peut pardonner l'essor d'un mauvais livre,
Ce n'est qu'aux malheureux qui composent pour vivre.
Croyez-moi, résistez à vos tentations;
Dérobez au public ces occupations,
Et n'allez point quitter, de quoi que l'on vous somme,
Le nom que dans la cour vous avez d'honnête homme,
Pour prendre, de la main d'un avide imprimeur,
Celui de ridicule et misérable auteur.
C'es ce que je tâchais de lui faire comprendre.

ORONTE.

Voilà qui va fort bien, et je crois vous entendre.
Mais ne puis-je savoir ce que dans mon sonnet...

ALCESTE.

Franchement, il est bon à mettre au cabinet.
Vous vous êtes réglé sur de méchants modèles,
Et vos expressions ne sont point naturelles.
Qu'est-ce que « nous berce un temps notre ennui? »
Et que « rien ne marche après lui? »

Que « ne vous pas mettre en dépense,
« Pour ne me donner que l'espoir? »
Et que « Philis, on désespère
« Alors qu'on espère toujours?
Ce style figuré, dont on fait vanité,
Sort du bon caractère et de la vérité.
Ce n'est que jeu de mots, qu'affectation pure,
Et ce n'est point ainsi que parle la nature.
Le méchant goût du siècle en cela me fait peur :
Nos pères, tout grossiers, l'avaient beaucoup meilleur;
Et je prise bien moins tout ce que l'on admire,
Qu'une vieille chanson que je m'en vais vous dire :

  Si le roi m'avait donné
   Paris sa grand'ville,
  Et qu'il me fallût quitter
   L'amour de ma mie,
  Je dirais au roi Henri :
  Reprenez votre Paris,
  J'aime mieux ma mie, ô gué!
   J'aime mieux ma mie.

La rime n'est pas riche, et le style en est vieux.
Mais ne voyez-vous pas que cela vaut bien mieux
Que ces colifichets dont le bon sens murmure,
Et que la passion parle là toute pure?

  Si le roi m'avait donné
   Paris sa grand'ville,
  Et qu'il me fallût quitter
   L'amour de ma mie,
  Je dirais au roi Henri :
  Reprenez votre Paris,
  J'aime mieux ma mie, ô gué!
   J'aime mieux ma mie.

Voilà ce que peut dire un cœur vraiment épris.
 (à *Philinte, qui rit.*)
Oui, monsieur le rieur, malgré vos beaux esprits,
J'estime plus cela que la pompe fleurie
De tous ces faux brillants où chacun se récrie.

ACTE I, SCÈNE II.

ORONTE.

Et moi, je vous soutiens que mes vers sont fort bons.

ALCESTE.

Pour les trouver ainsi vous avez vos raisons ;
Mais vous trouverez bon que j'en puisse avoir d'autres
Qui se dispenseront de se soumettre aux vôtres.

ORONTE.

Il me suffit de voir que d'autres en font cas.

ALCESTE.

C'est qu'ils ont l'art de feindre, et moi, je ne l'ai pas.

ORONTE.

Croyez-vous donc avoir tant d'esprit en partage?

ALCESTE.

Si je louais vos vers, j'en aurais davantage.

ORONTE.

Je me passerai fort que vous les approuviez.

ALCESTE.

Il faut bien, s'il vous plaît, que vous vous en passiez.

ORONTE.

Je voudrais bien, pour voir, que de votre manière
Vous en composassiez sur la même matière.

ALCESTE.

J'en pourrais, par malheur, faire d'aussi méchants ;
Mais je me garderais de les montrer aux gens.

ORONTE.

Vous me parlez bien ferme, et cette suffisance...

ALCESTE.

Autre part que chez moi cherchez qui vous encense.

ORONTE.

Mais, mon petit monsieur, prenez-le un peu moins haut.

ALCESTE.

Ma foi, mon grand monsieur, je le prends comme il faut.

PHILINTE, *se mettant entre eux.*

Eh! Messieurs, c'est trop. Laissez cela, de grâce.

ORONTE.

Ah! j'ai tort, je l'avoue, et je quitte la place.
Je suis votre valet, Monsieur, de tout mon cœur.

ALCESTE.

Et moi je suis, Monsieur, votre humble serviteur.

SCÈNE III.

PHILINTE, ALCESTE.

PHILINTE.

Eh bien! vous le voyez. Pour être trop sincère,
Vous voilà sur les bras une fâcheuse affaire;
Et j'ai bien vu qu'Oronte, afin d'être flatté...

ALCESTE.

Ne me parlez pas.

PHILINTE.

Mais...

ALCESTE.

Plus de société.

PHILINTE.

C'est trop...

ALCESTE.

Laissez-moi là.

PHILINTE.

Si je...

ALCESTE.

Point de langage.

PHILINTE.

Mais quoi...

ALCESTE.

Je n'entends rien.

PHILINTE.

Mais...

ACTE I, SCÈNE III.

ALCESTE.
Encore!

PHILINTE.
On outrage...

ALCESTE.
Ah! parbleu! c'en est trop. Ne suivez point mes pas.

PHILINTE.
Vous vous moquez de moi; je ne vous quitte pas.

FIN DU PREMIER ACTE.

ACTE II.

SCÈNE PREMIÈRE.
ALCESTE, CÉLIMÈNE.

ALCESTE.

Madame, voulez-vous que je vous parle net?
De vos façons d'agir je suis mal satisfait;
Contre elle dans mon cœur trop de bile s'assemble,
Et je sens qu'il faudra que nous rompions ensemble.
Oui; je vous tromperais de parler autrement,
Tôt ou tard nous romprons indubitablement;
Et je vous promettrais mille fois le contraire,
Que je ne serais pas en pouvoir de le faire.

CÉLIMÈNE.

C'est pour me quereller donc, à ce que je voi,
Que vous avez voulu me ramener chez moi?

ALCESTE.

Je ne querelle point. Mais votre humeur, Madame,
Offre au premier venu trop d'accès dans votre ame;
Vous avez trop d'amants qu'on voit vous obséder,
Et mon cœur de cela ne peut s'accommoder.

CÉLIMÈNE.

Des amants que je fais me rendez-vous coupable?
Puis-je empêcher les gens de me trouver aimable?
Et lorsque pour me voir ils font de doux efforts,
Dois-je prendre un bâton pour les mettre dehors.

ALCESTE.

Non, ce n'est pas, Madame, un bâton qu'il faut prendre,
Mais un cœur à leurs vœux moins facile et moins tendre.
Je sais que vos appas vous suivent en tous lieux:
Mais votre accueil retient ceux qu'attirent vos yeux;
Et sa douceur, offerte à qui vous rend les armes,
Achève sur les cœurs l'ouvrage de vos charmes.

ACTE II, SCÈNE I.

Le trop riant espoir que vous leur présentez,
Attache autour de vous leurs assiduités ;
Et votre complaisance un peu moins étendue,
De tant de soupirants chasserait la cohue.
Mais au moins dites-moi, Madame, par quel sort
Votre Clitandre a l'heur de vous plaire si fort ?
Sur quel fonds de mérite et de vertu sublime
Appuyez-vous en lui l'honneur de votre estime ?
Est-ce par l'ongle long qu'il porte au petit doigt, (1)
Qu'il s'est acquis chez vous l'estime où l'on le voit ?
Vous êtes-vous rendue, avec tout le beau monde,
Au mérite éclatant de sa perruque blonde ?
Sont-ce ses grands canons qui vous le font aimer ?
L'amas de ses rubans a-t-il su vous charmer ?
Est-ce par les appas de sa vaste rheingrave
Qu'il a gagné votre ame, en faisant votre esclave ?
Ou sa façon de rire, ou son ton de fausset,
Ont-ils de vous toucher su trouver le secret ?

CÉLIMÈNE.

Qu'injustement de lui vous prenez de l'ombrage !
Ne savez-vous pas bien pourquoi je le ménage,
Et que dans mon procès, ainsi qu'il m'a promis,
Il peut intéresser tout ce qu'il a d'amis ?

ALCESTE.

Perdez votre procès, Madame, avec constance,
Et ne ménagez point un rival qui m'offense.

CÉLIMÈNE.

Mais de tout l'univers vous devenez jaloux.

ALCESTE.

C'est que tout l'univers est bien reçu de vous.

CÉLIMÈNE.

C'est ce qui doit rasseoir votre ame effarouchée,
Puisque ma complaisance est sur tous épanchée ;

(1) Ce vers désigne une mode en usage à cette époque. Quelques agréables de la cour laissaient croître l'ongle du petit doigt d'une grandeur démesurée. Peu de personnes connaissent à présent l'existence de ce ridicule.

Et vous auriez plus lieu de vous en offenser,
Si vous me la voyiez sur un seul ramasser.

ALCESTE.

Mais moi, que vous blâmez de trop de jalousie,
Qu'ai-je de plus qu'eux tous, Madame, je vous prie?

CÉLIMENE.

Le bonheur de savoir si vous êtes aimé.

ALCESTE.

Et quel lieu de le croire a mon cœur enflammé?

CÉLIMENE.

Je pense qu'ayant pris le soin de vous le dire,
Un aveu de la sorte a de quoi vous suffire.

ALCESTE.

Mais qui m'assurera que dans le même instant,
Vous n'en disiez peut-être aux autres tout autant?

CELIMENE.

Certes, pour un amant, la fleurette est mignonne,
Et vous me traitez là de gentille personne?
Eh bien, pour vous ôter d'un semblable souci,
De tout ce que j'ai dit, je me dédis ici;
Et rien ne saurait plus vous tromper que vous-même
Soyez content.

ALCESTE.

Morbleu! faut-il que je vous aime!
Ah! que si de vos mains je rattrape mon cœur,
Je bénirai le ciel de ce rare bonheur!
Je ne le cèle pas, je fais tout mon possible
A rompre de ce cœur l'attachement terrible;
Mais mes plus grands efforts n'ont rien fait jusqu'ici,
Et c'est pour mes péchés que je vous aime ainsi.

CELIMENE.

Il est vrai, votre ardeur est pour moi sans seconde.

ALCESTE.

Oui, je puis là-dessus défier tout le monde.
Mon amour ne se peut concevoir, et jamais
Personne n'a, Madame, aimé comme je fais.

ACTE II, SCÈNE III.

CÉLIMENE.

En effet la méthode en est toute nouvelle,
Car vous aimez les gens pour leur faire querelle :
Ce n'est qu'en mots fâcheux qu'éclate votre ardeur,
Et l'on n'a vu jamais un amant si grondeur.

ALCESTE.

Mais il ne tient qu'à vous que son chagrin ne passe.
A tous nos démêlés coupons chemin de grace :
Parlons à cœur ouvert et voyons d'arrêter...

SCÈNE II.

CÉLIMENE, ALCESTE, BASQUE.

CÉLIMENE.

Qu'est-ce ?

BASQUE.

Acaste est là-bas.

CÉLIMENE.

Eh bien, faites monter.

SCÈNE III.

CÉLIMENE, ALCESTE.

ALCESTE.

Quoi ! l'on ne peut jamais vous parler tête à tête !
A recevoir le monde on vous voit toujours prête !
Et vous ne pouvez pas, un seul moment de tous,
Vous résoudre à souffrir de n'être pas chez vous !

CÉLIMENE.

Voulez-vous qu'avec lui je me fasse une affaire ?

ALCESTE.

Vous avez des égards qui ne sauraient me plaire.

CÉLIMENE.

C'est un homme à jamais ne me le pardonner,
S'il savait que sa vue eût pu m'importuner.

ALCESTE.

Et que vous fait cela, pour vous gêner de sorte...

CÉLIMENE.

Mon Dieu! de ses pareils la bienveillance importe;
Et ce sont de ces gens, qui, je ne sais comment,
Ont gagné, dans la cour, de parler hautement,
Dans tous les entretiens on les voit s'introduire;
Il ne sauraient servir, mais ils peuvent vous nuire;
Et jamais, quelque appui qu'on puisse avoir d'ailleurs,
On ne doit se brouiller avec ces grands brailleurs.

ALCESTE.

Enfin, quoi qu'il en soit, et sur quoi qu'on se fonde,
Vous trouvez des raisons pour souffrir tout le monde;
Et les précautions de votre jugement...

SCÈNE IV.

ALCESTE, CÉLIMENE, BASQUE.

BASQUE.

Voici Clitandre encor, Madame.
(*il sort.*)

ALCESTE.

Justement.

CÉLIMENE.

Où courez-vous?

ALCESTE.

Je sors.

CÉLIMENE.

Demeurez.

ALCESTE.

Pourquoi faire?

CÉLIMENE.

Demeurez.

ALCESTE.

Je ne puis.

CÉLIMENE.

Je le veux.

ACTE II, SCENE V.

ALCESTE.

Point d'affaire :
Ces conversations ne font que m'ennuyer,
Et c'est trop que vouloir me les faire essuyer.

CÉLIMÈNE.

Je le veux, je le veux.

ALCESTE.

Non, il m'est impossible.

CÉLIMÈNE.

Eh bien, allez, sortez, il vous est tout loisible.

SCÈNE V.

ÉLIANTE, PHILINTE, ACASTE, CLITANDRE, ALCESTE, CÉLIMÈNE, BASQUE.

ÉLIANTE, *à Célimène.*

Voici les deux marquis qui montent avec nous ;
Vous l'est-on venu dire ?

CÉLIMÈNE.

à Basque.

Oui. Des sièges pour tous.
(Basque donne des sièges et sort.)
(*à Alceste.*)
Vous n'êtes pas sorti ?

ALCESTE.

Non ; mais je veux, madame,
Ou pour eux, ou pour moi, faire expliquer votre ame.

CÉLIMÈNE.

Taisez-vous.

ALCESTE.

Aujourd'hui, vous vous expliquerez.

CÉLIMÈNE.

Vous perdez le sens.

ALCESTE.

Point. Vous vous déclarerez.

CÉLIMÈNE.

Ah!

ALCESTE.

Vous prendrez parti.

CÉLIMÈNE.

Vous vous moquez, je pense.

ALCESTE.

Non : mais vous choisirez. C'est trop de patience.
(*Ils s'asseyent tous.*)

CLITANDRE.

Parbleu! je viens du Louvre, où Cléonte, au levé,
Madame, a bien paru ridicule achevé.
N'a-t-il point quelque ami qui pût, sur ses manières,
D'un charitable avis lui prêter les lumières?

CÉLIMÈNE.

Dans le monde, à vrai dire, il se barbouille fort :
Partout il porte un air qui saute aux yeux d'abord;
Et lorsqu'on le revoit après un peu d'absence,
On le retrouve encor plus plein d'extravagance.

ACASTE.

Parbleu! s'il faut parler des gens extravagants,
Je viens d'en essuyer un des plus fatigants;
Damon, le raisonneur, qui m'a, ne vous déplaise,
Une heure au grand soleil tenu hors de ma chaise.

CÉLIMÈNE.

C'est un parleur étrange, et qui trouve toujours
L'art de ne vous rien dire avec de grands discours :
Dans les propos qu'il tient on ne voit jamais goutte,
Et ce n'est que du bruit que tout ce qu'on écoute.

ÉLIANTE, *bas à Philinte*.

Ce début n'est pas mal ; et contre le prochain
La conversation prend un assez bon train.

CLITANDRE.

Timante encor, Madame, est un bon caractère.

CÉLIMÈNE.

C'est, de la tête aux pieds, un homme tout mystère,
Qui vous jette en passant un coup d'œil égaré,
Et, sans aucune affaire, est toujours affairé.

Tout ce qu'il vous débite en grimaces abonde;
A force de façons il assomme le monde;
Sans cesse il a tout bas, pour rompre l'entretien,
Un secret à vous dire, et ce secret n'est rien;
De la moindre vétille il fait une vermeille,
Et, jusques au bonjour, il dit tout à l'oreille.

ACASTE.

Et Géralde, Madame!

CELIMENE.

O l'ennuyeux conteur!
Jamais on ne le voit sortir du grand seigneur.
Dans le brillant commerce il se mêle sans cesse,
Et ne cite jamais que duc, prince ou princesse.
La qualité l'entête; et tous ses entretiens
Ne sont que de chevaux, d'équipage et de chiens;
Il tutoie, en parlant, ceux du plus haut étage,
Et le nom de monsieur est chez lui hors d'usage.

CLITANDRE.

On dit qu'avec Bélise il est du dernier bien.

CELIMENE.

Le pauvre esprit de femme, et le sec entretien!
Lorsqu'elle vient me voir je souffre le martyre :
Il faut suer sans cesse à chercher que lui dire;
Et la stérilité de son expression
Fait mourir à tous coups la conversation.
En vain, pour attaquer son stupide silence,
De tous les lieux communs vous prenez l'assistance;
Le beau temps et la pluie, et le froid et le chaud,
Sont des fonds qu'avec elle on épuise bientôt.
Cependant sa visite, assez insupportable,
Traîne en une longueur encore épouvantable;
Et l'on demande l'heure, et l'on bâille vingt fois,
Qu'elle s'émeut autant qu'une pièce de bois.

ACASTE.

Que vous semble d'Adraste?

CELIMENE.

Ah! quel orgueil extrême!
C'est un homme gonflé de l'amour de soi-même :

Son mérite jamais n'est content de la cour;
Contre elle il fait métier de pester chaque jour;
Et l'on ne donne emploi, charge, ni bénéfice,
Qu'à tout ce qu'il se croit on ne fasse injustice.

CLITANDRE.

Mais le jeune Cléon, chez qui vont aujourd'hui
Nos plus honnêtes gens, que dites-vous de lui?

CÉLIMÈNE.

Que de son cuisinier il s'est fait un mérite,
Et que c'est à sa table à qui l'on rend visite.

ÉLIANTE.

Il prend soin d'y servir des mets fort délicats.

CÉLIMÈNE.

Oui; mais je voudrais bien qu'il ne s'y servît pas :
C'est un fort méchant plat que sa sotte personne,
Et qui gâte, à mon goût, tous les repas qu'il donne.

PHILINTE.

On fait assez de cas de son oncle Damis.
Qu'en dites-vous, Madame?

CÉLIMÈNE.

Il est de mes amis.

PHILINTE.

Je le trouve honnête homme, et d'un air assez sage.

CÉLIMÈNE.

Oui; mais il veut avoir trop d'esprit, dont j'enrage.
Il est guindé sans cesse; et, dans tous ses propos,
On voit qu'il se travaille à dire de bons mots.
Depuis que dans sa tête il s'est mis d'être habile,
Rien ne touche son goût, tant il est difficile!
Il veut voir des défauts à tout ce qu'on écrit,
Et pense que louer n'est pas d'un bel esprit,
Que c'est être savant que trouver à redire,
Qu'il n'appartient qu'aux sots d'admirer et de rire;
Et qu'en n'approuvant rien des ouvrages du temps,
Il se met au dessus de tous les autres gens.
Aux conversations même il trouve à reprendre :
Ce sont propos trop bas pour y daigner descendre;

ACTE II, SCÈNE V.

Et, les deux bras croisés, du haut de son esprit,
Il regarde en pitié tout ce que chacun dit.

ACASTE.
Dieu me damne! voilà son portrait véritable.

CLITANDRE, *à Célimène.*
Pour bien peindre les gens vous êtes admirable.

ALCESTE.
Allons, ferme! poussez, mes bons amis de cour.
Vous n'en épargnez point, et chacun a son tour :
Cependant aucun d'eux à vos yeux ne se montre,
Qu'on ne vous voie, en hâte, aller à sa rencontre,
Lui présenter la main, et d'un baiser flatteur
Appuyer les serments d'être son serviteur.

CLITANDRE.
Pourquoi s'en prendre à nous? Si ce qu'on dit vous blesse.
Il faut que le reproche à Madame s'adresse.

ALCESTE.
Non, morbleu! c'est à vous; et vos ris complaisants
Tirent de son esprit tous ces traits médisants.
Son humeur satirique est sans cesse nourrie
Par le coupable encens de votre flatterie ;
Et son cœur à railler trouverait moins d'appas,
S'il avait observé qu'on ne l'applaudît pas.
C'est ainsi qu'aux flatteurs on doit partout se prendre
Des vices où l'on voit les humains se répandre.

PHILINTE.
Mais pourquoi pour ces gens un intérêt si grand,
Vous qui condamneriez ce qu'en eux on reprend?

CÉLIMÈNE.
Et ne faut-il pas bien que Monsieur contredise?
A la commune voix veut-on qu'il se réduise,
Et qu'il ne fasse pas éclater en tous lieux
L'esprit contrariant qu'il a reçu des cieux?
Le sentiment d'autrui n'est jamais pour lui plaire :
Il prend toujours en main l'opinion contraire,
Et penserait paraître un homme du commun,
Si l'on voyait qu'il fût de l'avis de quelqu'un.

L'honneur de contredire a pour lui tant de charmes,
Qu'il prend contre lui-même assez souvent les armes;
Et ses vrais sentiments sont combattus par lui
Aussitôt qu'il les voit dans la bouche d'autrui.

(*Tous rient.*)

ALCESTE.

Les rieurs sont pour vous, Madame, c'est tout dire;
Et vous pouvez pousser contre moi la satire.

PHILINTE.

Mais il est véritable aussi que votre esprit
Se gendarme toujours contre tout ce qu'on dit;
Et que, par un chagrin que lui-même il avoue,
Il ne saurait souffrir qu'on blâme ni qu'on loue.

ALCESTE.

C'est que jamais, morbleu! les hommes n'ont raison,
Que le chagrin contre eux est toujours de saison,
Et que je vois qu'ils sont, sur toutes les affaires,
Loueurs impertinents, ou censeurs téméraires.

CELIMENE.

Mais...

ALCESTE.

Non, Madame, non, quand j'en devrais mourir,
Vous avez des plaisirs que je ne puis souffrir;
Et l'on a tort ici de nourrir dans votre ame
Ce grand attachement aux défauts qu'on y blame.

CLITANDRE.

Pour moi, je ne sais pas, mais j'avouerai tout haut
Que j'ai cru jusqu'ici madame sans défaut.

ACASTE.

De graces et d'attraits je vois qu'elle est pourvue;
Mais les défauts qu'elle a ne frappent point ma vue.

ALCESTE.

Ils frappent tous la mienne; et loin de m'en cacher,
Elle sait que j'ai soin de les lui reprocher.
Plus on aime quelqu'un, moins il faut qu'on le flatte;
A ne rien pardonner le pur amour éclate;

Et je bannirais, moi, tous ces lâches amants
Que je verrais soumis à tous mes sentiments,
Et dont, à tout propos, les molles complaisances
Donneraient de l'encens à mes extravagances.

CÉLIMÈNE.

Enfin, s'il faut qu'à vous s'en rapportent les cœurs,
On doit, pour bien aimer, renoncer aux douceurs,
Et du parfait amour mettre l'honneur suprême
A bien injurier les personnes qu'on aime.

ÉLIANTE.

L'amour, pour l'ordinaire, est peu fait à ces lois,
Et l'on voit les amants vanter toujours leur choix.
Jamais leur passion n'y voit rien de blâmable,
Et dans l'objet aimé tout lui devient aimable;
Ils comptent les défauts pour des perfections,
Et savent y donner de favorables noms.
La pâle est aux jasmins en blancheur comparable;
La noire à faire peur, une brune adorable;
La maigre a de la taille et de la liberté;
La grasse est, dans son port, pleine de majesté;
La malpropre sur soi, de peu d'attraits chargée;
Est mise sous le nom de beauté négligée;
La géante paraît une déesse aux yeux;
La naine, un abrégé des merveilles des cieux;
L'orgueilleuse a le cœur digne d'une couronne;
La fourbe a de l'esprit; la sotte est toute bonne;
La trop grande parleuse est d'agréable humeur;
Et la muette garde une honnête pudeur.
C'est ainsi qu'un amant, dont l'amour est extrême,
Aime jusqu'aux défauts des personnes qu'il aime.

ALCESTE.

Et moi, je soutiens, moi...
    (*Célimène se lève. Tous en font autant.*)

CÉLIMÈNE.
                    Brisons là ces discours,
Et dans la galerie allons faire deux tours.
Quoi! vous vous en allez, Messieurs?

CLITANDRE et ACASTE.
                        Non pas, Madame.

ALCESTE.

La peur de leur départ occupe fort votre ame.
Sortez quand vous voudrez, Messieurs ; mais j'avertis
Que je ne sors qu'après que vous serez sortis.

ACASTE.

A moins de voir madame en être importunée,
Rien ne m'appelle ailleurs de toute la journée.

CLITANDRE.

Moi, pourvu que je puisse être au petit couché,
Je n'ai point d'autre affaire où je sois attaché.

CÉLIMÈNE, à *Alceste*.

C'est pour rire, je crois.

ALCESTE.

Non, en aucune sorte :
Nous verrons si c'est moi que vous voudrez qui sorte.

SCÈNE VI.

ALCESTE, CÉLIMÈNE, ÉLIANTE, ACASTE, PHILINTE, CLITANDRE, BASQUE.

BASQUE, à *Alceste*.

Monsieur, un homme est là qui voudrait vous parler,
Pour affaire, dit-il, qu'on ne peut reculer.

ALCESTE.

Dis-lui que je n'ai point d'affaires si pressées.

BASQUE.

Il porte une jaquette à grand'basques plissées
Avec du dor dessus (1).

CÉLIMÈNE, à *Alceste*.

Allez voir ce que c'est,
Ou bien faites-le entrer.

(*Basque fait entrer le garde, et sort.*)

---

(1) C'était alors l'habillement des gardes de la maréchaussée.

SCÈNE VII.

ALCESTE, CÉLIMÈNE, ELIANTE, ACASTE, PHILINTE, CLITANDRE, UN GARDE DE LA MARÉCHAUSSÉE.

ALCESTE, *allant au devant du garde.*

Qu'est-ce donc qu'il vous plaît ?
Venez, Monsieur.

LE GARDE.

Monsieur, j'ai deux mots à vous dire.

ALCESTE.

Vous pouvez parler haut, Monsieur, pour m'en instruire.

LE GARDE.

Messieurs les maréchaux, dont j'ai commandement,
Vous mandent de venir les trouver promptement,
Monsieur.

ALCESTE.

Qui ? moi, Monsieur ?

LE GARDE.

Vous-même.

ALCESTE.

Et pourquoi faire ?

PHILINTE, *à Alceste.*

C'est d'Oronte et de vous la ridicule affaire.

CÉLIMENE, *à Philinte.*

Comment ?

PHILINTE.

Oronte et lui se sont tantôt bravés
Sur certains petits vers qu'il n'a pas approuvés ;
Et l'on veut assoupir la chose en sa naissance.

ALCESTE.

Moi, je n'aurai jamais de lâche complaisance.

PHILINTE.

Mais il faut suivre l'ordre ; allons, disposez-vous.

ALCESTE.

Quel accommodement veut-on faire entre nous ?
La voix de ces messieurs me condamnera-t-elle
A trouver bons les vers qui font notre querelle?
Je ne me dédis point de ce qu'en j'en ai dit,
Je les trouve méchants.

PHILINTE.

Mais, d'un plus doux esprit,....

ALCESTE.

Je n'en démordrai point, les vers sont exécrables.

PHILINTE.

Vous devez faire voir des sentiments traitables.
Allons, venez.

ALCESTE.

J'irai, mais rien n'aura pouvoir
De me faire dédire.

PHILINTE.

Allons vous faire voir.

ALCESTE.

Hors qu'un commandement exprès du roi me vienne
De trouver bons les vers dont on se met en peine,
Je soutiendrai toujours, morbleu ! qu'ils sont mauvais,
Et qu'un homme est pendable après les avoir faits.
    (à *Clitandre et à Acaste, qui rient.*)
Par la sambleu ! Messieurs, je ne croyais pas être
Si plaisant que je suis.

CÉLIMENE.

Allez vite paraître
Où vous devez.

ALCESTE.

J'y vais, Madame, et sur mes pas
Je reviens en ce lieu pour vider nos débats.

FIN DU SECOND ACTE.

ACTE III.

SCÈNE PREMIÈRE.
CLITANDRE, ACASTE.

CLITANDRE.

Cher marquis, je te vois l'ame bien satisfaite ;
Toute chose t'égaie, et rien ne l'inquiète.
En bonne foi, crois-tu, sans t'éblouir les yeux,
Avoir de grands sujets de paraître joyeux ?

ACASTE.

Parbleu ! je ne vois pas, lorsque je m'examine,
Où prendre aucun sujet d'avoir l'ame chagrine.
J'ai du bien, je suis jeune, et sort d'une maison
Qui se peut dire noble avec quelque raison ;
Et je crois, par le rang que me donne ma race,
Qu'il est fort peu d'emplois dont je ne sois en passe.
Pour le cœur, dont surtout nous devons faire cas,
On sait, sans vanité, que je n'en manque pas ;
Et l'on m'a vu pousser, dans le monde, une affaire
D'une assez vigoureuse et gaillarde manière.
Pour de l'esprit, j'en ai, sans doute ; et du bon goût,
A juger sans étude et raisonner de tout ;
A faire aux nouveautés, dont je suis idolâtre,
Figure de savant, sur les bancs du théâtre ;
Y décider en chef, et faire du fracas
A tous les beaux endroits qui méritent des has !
Je suis assez adroit ; j'ai bon air, bonne mine,
Les dents belles surtout, et la taille fort fine.
Quant à se mettre bien, je crois, sans me flatter,
Qu'on serait mal venu de me le disputer.
Je me vois dans l'estime autant qu'on y puisse être,
Fort aimé du beau sexe, et bien auprès du maître.
Je crois qu'avec cela, mon cher marquis, je croi
Qu'on peut par tout pays être content de soi.

CLITANDRE.

Oui. Mais trouvant ailleurs des conquêtes faciles,
Pourquoi pousser ici des soupirs inutiles?

ACASTE.

Moi? Parbleu! je ne suis de taille ni d'humeur
A pouvoir d'une belle essuyer la froideur.
C'est aux gens mal tournés, aux mérites vulgaires,
A brûler constamment pour des beautés sévères,
A languir à leurs pieds et souffrir leurs rigueurs,
A chercher les secours des soupirs et des pleurs,
Et tâcher par des soins d'une très longue suite,
D'obtenir ce qu'on nie à leur peu de mérite.
Mais les gens de mon air, marquis, ne sont pas faits
Pour aimer à crédit, et faire tous les frais.
Quelque rare que soit le mérite des belles,
Je pense, Dieu merci, qu'on vaut son prix comme elles;
Que, pour se faire honneur d'un cœur comme le mien,
Ce n'est pas la raison qu'il ne leur coûte rien;
Et qu'au moins, à tout mettre dans de justes balances,
Il faut qu'à frais communs se fassent les avances.

CLITANDRE.

Tu penses donc, marquis, être fort bien ici?

ACASTE.

J'ai quelque lieu, marquis, de le penser ainsi.

CLITANDRE.

Crois-moi, détache-toi de cette erreur extrême :
Tu te flattes, mon cher, et t'aveugles toi-même.

ACASTE.

Il est vrai, je me flatte, et m'aveugle en effet.

CLITANDRE.

Mais, qui te fait juger ton bonheur si parfait?

ACASTE.

Je me flatte.

CLITANDRE.

Sur quoi fonder tes conjectures?

ACASTE.

Je m'aveugle.

ACTE III, SCÈNE II.

CLITANDRE.

En as-tu des preuves qui soient sûres?

ACASTE.

Je m'abuse, te dis-je.

CLITANDRE.

Est-ce que, de ses vœux,
Célimène t'a fait quelques secrets aveux?

ACASTE.

Non, je suis maltraité.

CLITANDRE.

Réponds-moi, je te prie.

ACASTE.

Je n'ai que des rebuts.

CLITANDRE.

Laissons la raillerie,
Et me dis quel espoir on peut t'avoir donné.

ACASTE.

Je suis le misérable, et toi le fortuné;
On a pour ma personne une aversion grande,
Et, quelqu'un de ces jours, il faut que je me pende.

CLITANDRE,

Oh! çà, veux-tu, marquis, pour ajuster nos vœux,
Que nous tombions d'accord d'une chose tous deux?
Que, qui pourra montrer une marque certaine
D'avoir meilleure part au cœur de Célimène,
L'autre ici fera place au vainqueur prétendu,
Et le délivrera d'un rival assidu?

ACASTE.

Ah! parbleu! tu me plais avec un tel langage,
Et, du bon de mon cœur, à cela je m'engage.
Mais, chut.

SCÈNE II.

CÉLIMÈNE, ACASTE, CLITANDRE.

CÉLIMENE.

Encore ici?

CLITANDRE.

L'amour retient nos pas.

CÉLIMÈNE.

Je viens d'ouïr entrer un carrosse là-bas :
Savez-vous qui c'est?

CLITANDRE.

Non.

SCÈNE III.

CÉLIMÈNE, ACASTE, CLITANDRE, BASQUE.

BASQUE.

Arsinoé, Madame,
Monte ici pour vous voir.

CÉLIMÈNE.

Que me veut cette femme?

BASQUE.

Eliante là-bas est à l'entretenir.

(*Il sort.*)

CÉLIMÈNE.

De quoi s'avise-t-elle? et qui la fait venir?

ACASTE.

Pour prude consommée en tous lieux elle passe,
Et l'ardeur de son zèle...

CÉLIMÈNE.

Oui, oui, franche grimace!
Dans l'ame elle est du monde; et ses soins tentent tout
Pour accrocher quelqu'un, sans en venir à bout.
Elle ne saurait voir qu'avec un œil d'envie
Les amants déclarés dont une autre est suivie,
Et son triste mérite, abandonné de tous,
Contre le siècle aveugle est toujours en courroux.
Elle tâche à couvrir d'un faux voile de prude,
Ce que chez elle on voit d'affreuse solitude;
Et, pour sauver l'honneur de ses faibles appas,
Elle attache du crime au pouvoir qu'ils n'ont pas.

ACTE III, SCÈNE V.

Cependant un amant plairait fort à la dame,
Et même, pour Alceste, elle a tendresse d'ame.
Ce qu'il me rend de soins outrage ses attraits ;
Elle veut que ce soit un vol que je lui fais ;
Et son jaloux dépit, qu'avec peine elle cache,
En tous endroits sous main contre moi se détache.
Enfin, je n'ai rien vu de si sot, à mon gré :
Elle est impertinente au suprême degré,
Et...

SCÈNE IV.

CLITANDRE, ACASTE, CÉLIMÈNE, ARSINOÉ.

CÉLIMÈNE, *allant au devant d'Arsinoé.*

Ah! quel heureux sort en ce lieu vous amène?
Madame, sans mentir, j'étais de vous en peine.

ARSINOÉ.

Je viens pour quelque avis que j'ai cru vous devoir.

CÉLIMÈNE.

Ah! mon Dieu! que je suis contente de vous voir!
(*Clitandre et Acaste sortent en riant.*)

SCÈNE V.

ARSINOÉ, CÉLIMÈNE.

ARSINOÉ.

Leur départ ne pouvait plus à propos se faire.

CÉLIMÈNE.

Voulons-nous nous asseoir?

ARSINOÉ.

Il n'est pas nécessaire.
Madame, l'amitié doit surtout éclater
Aux choses qui le plus nous peuvent importer ;
Et, comme il n'en est point de plus grande importance
Que celles de l'honneur et de la bienséance,
Je viens, par un avis qui touche votre honneur,
Témoigner l'amitié que pour vous a mon cœur.
Hier j'étais chez des gens de vertu singulière,
Où, sur vous, du discours on tourna la matière ;

Et là, votre conduite, avec ses grands éclats,
Madame, eut le malheur qu'on ne la loua pas.
Cette foule de gens dont vous souffrez visite,
Votre galanterie, et les bruits qu'elle excite,
Trouvèrent des censeurs plus qu'il n'aurait fallu,
Et bien plus rigoureux que je n'eusse voulu.
Vous pouvez bien penser quel parti je sus prendre,
Je fis ce que je pus pour vous pouvoir défendre,
Je vous excusai fort sur votre intention,
Et voulus de votre âme être la caution.
Mais vous savez qu'il est des choses dans la vie
Qu'on ne peut excuser, quoiqu'on en ait envie;
Et je me vis contrainte à demeurer d'accord,
Que l'air dont vous viviez vous faisait un peu tort;
Qu'il prenait dans le monde une méchante face;
Qu'il n'est conte fâcheux que partout on n'en fasse;
Et que, si vous vouliez, tous vos déportements
Pourraient moins donner prise aux mauvais jugements.
Non que j'y croie au fond l'honnêteté blessée;
Me préserve le ciel d'en avoir la pensée!
Mais aux ombres du crime on prête aisément foi,
Et ce n'est pas assez de bien vivre pour soi.
Madame, je vous crois l'âme trop raisonnable
Pour ne pas prendre bien cet avis profitable,
Et pour l'attribuer qu'aux mouvements secrets
D'un zèle qui m'attache à tous vos intérêts.

CÉLIMÈNE.

Madame, j'ai beaucoup de grâces à vous rendre,
Un tel avis m'oblige; et, loin de le mal prendre,
J'en prétends reconnaître à l'instant la faveur
Par un avis aussi qui touche votre honneur;
Et, comme je vous vois vous montrer mon amie,
En m'apprenant les bruits que de moi l'on publie,
Je veux suivre, à mon tour, un exemple si doux,
En vous avertissant de ce qu'on dit de vous.
En un lieu, l'autre jour, où je faisais visite,
Je trouvai quelques gens d'un très rare mérite,
Qui, parlant des vrais soins d'une âme qui vit bien,
Firent tomber sur vous, Madame, l'entretien.

Là, votre pruderie et vos éclats de zèle
Ne furent pas cités comme un fort bon modèle;
Cette affectation d'un grave extérieur,
Vos discours éternels de sagesse et d'honneur,
Vos mines et vos cris aux ombres d'indécence
Que d'un mot ambigu peut avoir l'innocence,
Cette hauteur d'estime où vous êtes de vous,
Et ces yeux de pitié que vous jetez sur tous,
Vos fréquentes leçons et vos aigres censures
Sur des choses qui sont innocentes et pures;
Tout cela, si je puis vous parler franchement,
Madame, fut blâmé d'un commun sentiment.
« A quoi bon, disaient-ils, cette mine modeste,
« Et ce sage dehors que dément tout le reste?
« Elle est à bien prier exacte au dernier point;
« Mais elle bat ses gens, et ne les paie point.
« Dans tous les lieux dévots elle étale un grand zèle;
« Mais elle met du blanc et veut paraître belle.
« Elle fait des tableaux couvrir les nudités;
« Mais elle a de l'amour pour les réalités. »
Pour moi, contre chacun, je pris votre défense,
Et leur assurai fort que c'était médisance;
Mais tous les sentiments combattirent le mien,
Et leur conclusion fut que vous feriez bien
De prendre moins de soin des actions des autres,
Et de vous mettre un peu plus en peine des vôtres;
Qu'on doit se regarder soi-même un fort long temps
Avant que de songer à condamner les gens;
Qu'il faut mettre le poids d'une vie exemplaire,
Dans les corrections qu'aux autres on veut faire;
Et qu'encor vaut-il mieux s'en remettre, au besoin,
A ceux à qui le ciel en a commis le soin.
Madame, je vous crois aussi trop raisonnable,
Pour ne pas prendre bien cet avis profitable,
Et pour l'attribuer qu'aux mouvements secrets
D'un zèle qui m'attache à tous vos intérêts.

ARSINOÉ.

A quoi qu'en reprenant on soit assujettie,
Je ne m'attendais pas à cette répartie,

Madame; et je vois bien, par ce qu'elle a d'aigreur,
Que mon sincère avis vous a blessée au cœur.

CÉLIMENE.

Au contraire, Madame; et, si l'on était sage,
Ces avis naturels seraient mis en usage.
On détruirait par là, traitant de bonne foi,
Ce grand aveuglement où chacun est pour soi.
Il ne tiendra qu'à vous, qu'avec le même zèle,
Nous ne continuions cet office fidèle,
Et ne prenions grand soin de nous dire, entre nous,
Ce que nous entendrons, vous de moi, moi de vous.

ARSINOÉ.

Ah! Madame, de vous je ne puis rien entendre;
C'est en moi que l'on peut trouver fort à reprendre.

CÉLIMENE.

Madame, on peut, je crois, louer et blâmer tout;
Et chacun a raison suivant l'âge ou le goût.
Il est une saison pour la galanterie,
Il en est une aussi propre à la pruderie;
On peut, par politique, en prendre le parti,
Quand de nos jeunes ans l'éclat est amorti :
Cela sert à couvrir de fâcheuses disgraces.
Je ne dis pas qu'un jour je ne suive vos traces,
L'âge amènera tout; et ce n'est pas le temps,
Madame, comme on sait, d'être prude à vingt ans.

ARSINOÉ.

Certes, vous vous targuez d'un bien faible avantage;
Et vous faites sonner terriblement votre âge.
Ce que de plus que vous on en pourrait avoir,
N'est pas un si grand cas pour s'en tant prévaloir;
Et je ne sais pourquoi votre ame ainsi s'emporte,
Madame, à me pousser de cette étrange sorte.

CELIMENE.

Et moi, je ne sais pas, Madame, aussi pourquoi
On vous voit en tous lieux vous déchaîner sur moi.
Faut-il de vos chagrins sans cesse à moi vous prendre?
Et puis-je mais des soins qu'on ne va pas vous rendre?

Si ma personne aux gens inspire de l'amour,
Et si l'on continue à m'offrir chaque jour
Des vœux que votre cœur peut souhaiter qu'on m'ôte,
Je n'y saurais que faire, et ce n'est pas ma faute;
Vous avez le champ libre, et je n'empêche pas,
Que, pour les attirer, vous n'ayez des appas.

ARSINOÉ.

Hélas! et croyez-vous que l'on se mette en peine
De ce nombre d'amants dont vous faites la vaine?
Et qu'il ne nous soit pas fort aisé de juger
A quel prix aujourd'hui on peut les engager?
Pensez-vous faire croire, à voir comme tout roule,
Que votre seul mérite attire cette foule?
Qu'ils ne brûlent pour vous que d'un honnête amour,
Et que pour vos vertus, ils vous font tous la cour?
On ne s'aveugle point par de vaines défaites,
Le monde n'est point dupe; et j'en vois qui sont faites
A pouvoir inspirer de tendres sentiments,
Qui, chez elles pourtant, ne fixent point d'amants,
Et, de là, nous pouvons tirer des conséquences,
Qu'on n'acquiert point leur cœur sans de grandes avan- [ces,
Qu'aucun, pour nos beaux yeux, n'est notre soupirant,
Et qu'il faut acheter tous les soins qu'on nous rend.
Ne vous enflez donc point d'une si grande gloire,
Pour les petits brillants d'une faible victoire;
Et corrigez un peu l'orgueil de vos appas,
De traiter pour cela les gens de haut en bas.
Si nos yeux enviaient les conquêtes des vôtres,
Je pense qu'on pourrait faire comme les autres,
Ne se point ménager, et vous faire bien voir
Que l'on a des amants, quand on en veut avoir.

CÉLIMÈNE.

Ayez-en donc, Madame, et voyons cette affaire:
Par ce rare secret efforcez-vous de plaire;
Et sans...

ARSINOÉ.

Brisons, Madame, un pareil entretien,
Il pousserait trop loin votre esprit et le mien;

Et j'aurais pris déjà le congé qu'il faut prendre,
Si mon carrosse encor ne m'obligeait d'attendre.

CÉLIMÈNE.

Autant qu'il vous plaira, vous pouvez arrêter,
Madame, et, là-dessus, rien ne doit vous hâter.
Mais, sans vous fatiguer de ma cérémonie,
Je m'en vais vous donner meilleure compagnie;
Et Monsieur, qu'à propos le hasard fait venir,
Remplira mieux ma place à vous entretenir.

(*Alceste salue Célimène.*)

SCÈNE VI.

CÉLIMÈNE, ALCESTE, ARSINOÉ.

CELIMENE.

Alceste, il faut que j'aille écrire un mot de lettre
Que, sans me faire tort, je ne saurais remettre.
Soyez avec Madame; elle aura la bonté
D'excuser aisément mon incivilité.

SCÈNE VII.

ALCESTE, ARSINOÉ.

ARSINOÉ.

Vous voyez, elle veut que je vous entretienne,
Attendant un moment que mon carrosse vienne;
Et jamais tous ses soins ne pouvaient m'offrir rien
Qui me fût plus charmant qu'un pareil entretien.
En vérité, les gens d'un mérite sublime
Entraînent de chacun et l'amour et l'estime;
Et le vôtre, sans doute, a des charmes secrets
Qui font entrer mon cœur dans tous vos intérêts.
Je voudrais que la cour, par un regard propice,
A ce que vous valez rendît plus de justice.
Vous avez à vous plaindre; et je suis en courroux
Quand je vois, chaque jour, qu'on ne fait rien pour vous.

ALCESTE.

Moi, Madame? Et sur quoi pourrais-je en rien prétendre?
Quel service à l'état est-ce qu'on m'a vu rendre?

Qu'ai-je fait, s'il vous plaît, de si brillant en soi,
Pour me plaindre à la cour qu'on ne fait rien pour moi?

ARSINOÉ.

Tous ceux sur qui la cour jette des yeux propices,
N'ont pas toujours rendu de ces fameux services.
Il faut l'occasion, ainsi que le pouvoir ;
Et le mérite enfin que vous nous faites voir,
Devrait...

ALCESTE.

   Mon Dieu! laissons mon mérite, de grace;
De quoi voulez-vous là que la cour s'embarrasse?
Elle aurait fort à faire, et ses soins seraient grands
D'avoir à déterrer le mérite des gens.

ARSINOÉ.

Un mérite éclatant se déterre lui-même.
Du vôtre en bien des lieux on fait un cas extrême :
Et vous saurez de moi qu'en deux fort bons endroits,
Vous fûtes hier loué par des gens d'un grand poids.

ALCESTE.

Eh! Madame, l'on loue aujourd'hui tout le monde,
Et le siècle par-là n'a rien qu'on ne confonde.
Tout est d'un grand mérite également doué ;
Ce n'est plus un honneur que de se voir loué ;
D'éloges on regorge, à la tête on les jette.
Et mon valet de chambre est mis dans la gazette.

ARSINOÉ.

Pour moi, je voudrais bien que, pour vous montrer mieux,
Une charge à la cour vous pût frapper les yeux.
Pour peu que d'y songer vous nous fassiez les mines,
On peut, pour vous servir, remuer des machines ;
Et j'ai des gens en mains que j'emploierai pour vous,
Qui vous feront à tout un chemin assez doux.

ALCESTE.

Et que voudriez-vous, Madame, que j'y fisse?
L'humeur dont je me sens veut que je m'en bannisse;
Le ciel ne m'a point fait, en me donnant le jour,
Une ame compatible avec l'air de la cour.

Je ne me trouve point les vertus nécessaires
Pour y bien réussir, et faire mes affaires.
Etre franc et sincère est mon plus grand talent,
Je ne sais point jouer les hommes en parlant;
Et qui n'a pas le don de cacher ce qu'il pense,
Doit faire en ce pays fort peu de résidence.
Hors de la cour, sans doute, on n'a pas cet appui,
Et ces titres d'honneur qu'elle donne aujourd'hui;
Mais on n'a pas aussi, perdant ces avantages,
Le chagrin de jouer de fort sots personnages.
On n'a point à souffrir mille rebuts cruels,
On n'a point à louer les vers de messieurs tels,
A donner de l'encens à madame une telle,
Et de nos francs marquis essuyer la cervelle.

ARSINOÉ.

Laissons, puisqu'il vous plaît, ce chapitre de cour:
Mais il faut que mon cœur vous plaigne en votre amour;
Et, pour vous découvrir là-dessus mes pensées,
Je souhaiterais fort vos ardeurs mieux placées.
Vous méritez, sans doute, un sort beaucoup plus doux,
Et celle qui vous charme est indigne de vous.

ALCESTE.

Mais en disant cela, songez-vous, je vous prie,
Que cette personne est, Madame, votre amie?

ARSINOÉ.

Oui. Mais ma conscience est blessée en effet
De souffrir plus longtemps le tort que l'on vous fait:
L'état où je vous vois afflige trop mon ame,
Et je vous donne avis qu'on trahit votre flamme.

ALCESTE.

C'est me montrer, Madame, un tendre mouvement,
Et de pareils avis obligent un amant.

ARSINOÉ.

Oui, toute mon amie, elle est, et je la nomme
Indigne d'asservir le cœur d'un galant homme;
Et le sien n'a pour vous que de feintes douceurs.

ALCESTE.

Cela se peut, Madame, on ne voit pas les cœurs;

ACTE III, SCÈNE VII.

Mais votre charité se serait bien passée
De jeter dans le mien une telle pensée.

ARSINOÉ.

Si vous ne voulez pas être désabusé,
Il ne faut vous rien dire, il est assez aisé.

ALCESTE.

Non. Mais sur ce sujet quoi que l'on nous expose,
Les doutes sont fâcheux plus que toute autre chose;
Et je voudrais, pour moi, qu'on ne me fît savoir
Que ce qu'avec clarté l'on peut me faire voir.

ARSINOÉ.

Hé bien! c'est assez dit; et, sur cette matière,
Vous allez recevoir une pleine lumière.
Oui, je veux que de tout vos yeux vous fassent foi.
Donnez-moi seulement la main jusque chez moi :
Là, je vous ferai voir une preuve fidèle
De l'infidélité du cœur de votre belle;
Et, si pour d'autres yeux le vôtre peut brûler,
On pourra vous offrir de quoi vous consoler.

FIN DU TROISIÈME ACTE.

ACTE IV.

SCÈNE PREMIÈRE.

ELIANTE, PHILINTE.

PHILINTE.

Non, l'on n'a point vu d'ame à manier si dure,
Ni d'accommodement plus pénible à conclure;
En vain de tous côtés on l'a voulu tourner,
Hors de son sentiment on n'a pu l'entraîner;
Et jamais different si bizarre, je pense,
N'avait de ces messieurs occupé la prudence.
« Non, Messieurs, disait-il, je ne me dédis point,
« Et tomberai d'accord de tout, hors de ce point.
« De quoi s'offense-t-il? et que veut-il me dire?
« Y va-t-il de sa gloire à ne pas bien écrire?
« Que lui fait mon avis qu'il a pris de travers?
« On peut être honnête homme, et faire mal des vers;
« Ce n'est point à l'honneur que touchent ces matières.
« Je le tiens galant homme en toutes les manières,
« Homme de qualité, de mérite et de cœur,
« Tout ce qu'il vous plaira, mais fort méchant auteur.
« Je louerai, si l'on veut, son train et sa dépense,
« Son adresse à cheval, aux armes, à la danse;
« Mais, pour louer ses vers, je suis son serviteur;
« Et, lorsque d'en mieux faire on n'a pas le bonheur,
« On ne doit de rimer n'avoir aucune envie,
« Qu'on n'y soit condamné sur peine de la vie. »
Enfin toute la grace et l'accommodement
Où s'est avec effort plié son sentiment,
C'est de dire, croyant adoucir bien son style :
« Monsieur, je suis fâché d'être si difficile ;
« Et pour l'amour de vous, je voudrais, de bon cœur,
« Avoir trouvé tantôt votre sonnet meilleur. »
Et, dans une embrassade, on leur a, pour conclure,
Fait vite envelopper toute la procédure.

ACTE IV, SCÈNE I.

ÉLIANTE.

Dans ses façons d'agir il est fort singulier,
Mais j'en fais, je l'avoue, un cas particulier;
Et la sincérité dont son ame se pique,
A quelque chose en soi de noble et d'héroïque.
C'est une vertu rare au siècle d'aujourd'hui,
Et je la voudrais voir partout comme chez lui.

PHILINTE.

Pour moi, plus je le vois, plus surtout je m'étonne
De cette passion où son cœur s'abandonne.
De l'humeur dont le ciel a voulu le former,
Je ne sais pas comment il s'avise d'aimer;
Et je sais moins encor comment votre cousine
Peut être la personne où son penchant l'incline.

ÉLIANTE.

Cela fait assez voir que l'amour, dans les cœurs,
N'est pas toujours produit par un rapport d'humeurs;
Et toutes ces raisons de douces sympathies,
Dans cet exemple-ci, se trouvent démenties.

PHILINTE.

Mais croyez-vous qu'on l'aime, aux choses qu'on peut [voir?

ÉLIANTE.

C'est un point qu'il n'est pas fort aisé de savoir.
Comment pouvoir juger s'il est vrai qu'elle l'aime?
Son cœur de ce qu'il sent n'est pas bien sûr lui-même;
Il aime quelquefois sans qu'il le sache bien,
Et croit aimer aussi, parfois qu'il n'en est rien.

PHILINTE.

Je crois que notre ami, près de cette cousine,
Trouvera des chagrins plus qu'il ne s'imagine;
Et, s'il avait mon cœur, à dire vérité,
Il tournerait ses vœux tout d'un autre côté;
Et par un choix plus juste, on le verrait, Madame,
Profiter des bontés que lui montre votre ame.

ÉLIANTE.

Pour moi, je n'en fais point de façons, et je croi
Qu'on doit sur de tels points être de bonne foi.

Je ne m'oppose point à toute sa tendresse ;
Au contraire, mon cœur pour elle s'intéresse ;
Et, si c'était qu'à moi la chose pût tenir,
Moi-même à ce qu'il aime on me verrait l'unir.
Mais, si dans un tel choix, comme tout se peut faire,
Son amour éprouvait quelque destin contraire,
S'il fallait que d'un autre on couronnât les feux,
Je pourrais me résoudre à recevoir ses vœux ;
Et le refus souffert en pareille occurrence
Ne m'y ferait trouver aucune répugnance.

PHILINTE.

Et moi, de mon côté, je ne m'oppose pas,
Madame, à ces bontés qu'ont pour lui vos appas ;
Et lui-même, s'il veut, il peut bien vous instruire
De ce que là-dessus j'ai pris soin de lui dire.
Mais si, par un hymen qui les joindrait eux deux,
Vous étiez hors d'état de recevoir ses vœux ;
Tous les miens tenteraient la faveur éclatante
Qu'avec tant de bonté votre ame lui présente.
Heureux si, quand son cœur s'y pourra dérober,
Elle pouvait sur moi, Madame, retomber.

ELIANTE.

Vous vous divertissez, Philinte.

PHILINTE.

Non, Madame,
Et je vous parle ici du meilleur de mon ame.
J'attends l'occasion de m'offrir hautement,
Et, de tous mes souhaits, j'en presse le moment.

SCÈNE II.

ALCESTE, ÉLIANTE, PHILINTE.

ALCESTE.

Ah! faites-moi raison, Madame, d'une offense
Qui vient de triompher de toute ma constance.

ÉLIANTE.

Qu'est-ce donc? qu'avez-vous qui vous puisse émouvoir?

ACTE IV, SCÈNE II.

ALCESTE.

J'ai ce que, sans mourir, je ne puis concevoir;
Et le déchaînement de toute la nature
Ne m'accablerait pas comme cette aventure.
C'en est fait... Mon amour... Je ne saurais parler.

ÉLIANTE.

Que votre esprit un peu tâche à se rappeler.

ALCESTE.

O juste ciel! faut-il qu'on joigne à tant de graces
Les vices odieux des ames les plus basses?

ÉLIANTE.

Mais encor, qui vous peut...

ALCESTE.

Ah! tout est ruiné;
Je suis, je suis trahi, je suis assassiné.
Célimène... Eût-on pu croire cette nouvelle?
Célimène me trompe, et n'est qu'une infidèle.

ÉLIANTE.

Avez-vous, pour le croire, un juste fondement?

PHILINTE.

Peut-être est-ce un soupçon conçu légèrement;
Et votre esprit jaloux prend parfois des chimères...

ALCESTE.

Ah! morbleu! mêlez-vous, Monsieur, de vos affaires.
  (à *Éliante*.)
C'est de sa trahison n'être que trop certain,
Que l'avoir, dans ma poche, écrite de sa main.
Oui, Madame, une lettre écrite pour Oronte
A produit à mes yeux ma disgrace et ma honte;
Oronte, dont j'ai cru qu'elle fuyait les soins,
Et que de mes rivaux je redoutais le moins.

PHILINTE.

Une lettre peut bien tromper par l'apparence;
Et n'est pas quelquefois si coupable qu'on pense.

ALCESTE.

Monsieur, encore un coup, laissez-moi, s'il vous plaît,
Et ne prenez souci que de votre intérêt.

ÉLIANTE.

Vous devez modérer vos transports, et l'outrage...

ALCESTE.

Madame, c'est à vous qu'appartient cet ouvrage ;
C'est à vous que mon cœur a recours aujourd'hui
Pour pouvoir s'affranchir de son cuisant ennui.
Vengez-moi d'une ingrate et perfide parente,
Qui trahit lâchement une ardeur si constante,
Vengez-moi de ce trait qui doit vous faire horreur.

ÉLIANTE.

Moi, vous venger? comment?

ALCESTE.

En recevant mon cœur.
Acceptez-le, Madame, au lieu de l'infidèle ;
C'est par là que je puis prendre vengeance d'elle ;
Et je la veux punir par les sincères vœux,
Par le profond amour, les soins respectueux,
Les devoirs empressés et l'assidu service,
Dont ce cœur va vous faire un ardent sacrifice !

ÉLIANTE.

Je compatis, sans doute, à ce que vous souffrez,
Et ne méprise point le cœur que vous m'offrez :
Mais peut-être le mal n'est pas si grand qu'on pense,
Et vous pourrez quitter ce désir de vengeance.
Lorsque l'injure part d'un objet plein d'appas,
On fait force desseins qu'on n'exécute pas :
On a beau voir, pour rompre, une raison puissante,
Une coupable aimée est bientôt innocente :
Tout le mal qu'on lui veut se dissipe aisément,
Et l'on sait ce que c'est qu'un courroux d'un amant.

ALCESTE.

Non, non, Madame, non ; l'offense est trop mortelle,
Il n'est point de retour, et je romps avec elle ;
Rien ne saurait changer le dessein que j'en fais,
Et je me punirais de l'estimer jamais.
La voici. Mon courroux redouble à cette approche,
Je vais de sa noirceur lui faire un vif reproche,

Pleinement la confondre, et vous porter après
Un cœur tout dégagé de ses trompeurs attraits.
(*Eliante, en sortant, parle bas à Célimène.*)

SCÈNE III.

CÉLIMÈNE, ALCESTE.

ALCESTE, *à part.*

O ciel? de mes transports puis-je être ici le maître?
CÉLIMENE, *à part.*
(*à Alceste.*)
Ouais! Quel est donc le trouble où je vous vois paraître?
Et que me veulent dire, et ces soupirs poussés,
Et ces sombres regards que sur moi vous lancez?

ALCESTE.

Que toutes les horreurs dont une ame est capable,
A vos déloyautés n'ont rien de comparable;
Que le sort, les démons, et le ciel en courroux,
N'ont jamais rien produit de si méchant que vous.

CÉLIMENE.

Voilà certainement des douceurs que j'admire.

ALCESTE.

Ah! ne plaisantez point, il n'est pas temps de rire.
Rougissez bien plutôt, vous en avez raison;
Et j'ai de sûrs témoins de votre trahison.
Voilà ce que marquaient les troubles de mon ame;
Ce n'était pas en vain que s'alarmait ma flamme.
Par ces fréquents soupçons, qu'on trouvait odieux,
Je cherchais le malheur qu'ont rencontré mes yeux;
Et, malgré tous vos soins et votre adresse à feindre,
Mon astre me disait ce que j'avais à craindre :
Mais ne présumez pas que, sans être vengé,
Je souffre le dépit de me voir outragé.
Je sais que sur les vœux on n'a point de puissance,
Que l'amour veut partout naître sans dépendance;
Que jamais par la force on n'entra dans un cœur,
Et que toute ame est libre à nommer son vainqueur.

Aussi ne trouverais-je aucun sujet de plainte,
Si, pour moi, votre bouche avait parlé sans feinte;
Et, rejetant mes vœux dès le premier abord,
Mon cœur n'aurait eu droit de s'en plaindre qu'au sort.
Mais d'un aveu trompeur voir ma flamme applaudie,
C'est une trahison, c'est une perfidie,
Qui ne saurait trouver de trop grands châtiments;
Et je puis tout permettre à mes ressentiments.
Oui, oui, redoutez tout après un tel outrage,
Je ne suis plus à moi, je suis tout à la rage.
Percé du coup mortel dont vous m'assassinez,
Mes sens par la raison ne sont plus gouvernés :
Je cède aux mouvements d'une juste colère,
Et je ne réponds pas de ce que je puis faire.

CÉLIMÈNE.

D'où vient donc, je vous prie, un tel emportement?
Avez-vous, dites-moi, perdu le jugement?

ALCESTE.

Oui, oui, je l'ai perdu, lorsque dans votre vue
J'ai pris, pour mon malheur, le poison qui me tue,
Et que j'ai cru trouver quelque sincérité
Dans les traîtres appas dont je fus enchanté.

CÉLIMÈNE.

De quelle trahison pouvez-vous donc vous plaindre?

ALCESTE.

Ah! que ce cœur est double, et sait bien l'art de feindre!
Mais, pour le mettre à bout, j'ai des moyens tout prêts.
Jetez ici les yeux, et connaissez vos traits;
Ce billet découvert suffit pour vous confondre,
Et contre ce témoin on n'a rien à répondre.

CÉLIMÈNE.

Voilà donc le sujet qui vous trouble l'esprit?

ALCESTE.

Vous ne rougissez pas en voyant cet écrit!

CÉLIMÈNE.

Et par quelle raison faut-il que j'en rougisse?

ALCESTE.

Quoi! vous joignez ici l'audace à l'artifice!

Le désavouerez-vous, pour n'avoir point de seing?

CÉLIMENE.

Pourquoi désavouer un billet de ma main?

ALCESTE.

Et vous pouvez le voir, sans demeurer confuse
Du crime dont vers moi son style vous accuse!

CÉLIMENE.

Vous êtes, sans mentir, un grand extravagant.

ALCESTE.

Quoi! vous bravez ainsi ce témoin convaincant!
Et ce qu'il m'a fait voir de douceur pour Oronte,
N'a donc rien qui m'outrage, et qui vous fasse honte?

CÉLIMENE.

Oronte! qui vous dit que la lettre est pour lui?

ALCESTE.

Les gens qui dans mes mains l'ont remise aujourd'hui.
Mais je veux consentir qu'elle soit pour un autre,
Mon cœur en a-t-il moins à se plaindre du vôtre?
En serez-vous vers moi moins coupable en effet?

CÉLIMENE.

Mais si c'est une femme à qui va ce billet,
En quoi vous blesse-t-il, et qu'a-t-il de coupable?

ALCESTE.

Ah! le détour est bon, et l'excuse admirable.
Je ne m'attendais pas, je l'avoue, à ce trait;
Et me voilà, par là, convaincu tout-à-fait.
Osez-vous recourir à ces ruses grossières?
Et croyez-vous les gens si privés de lumières?
Voyons, voyons un peu par quel biais, de quel air,
Vous voulez soutenir un mensonge si clair;
Et comment vous pourrez tourner, pour une femme,
Tous les mots du billet qui montre tant de flamme :
Ajustez, pour couvrir un manquement de foi,
Ce que je m'en vais lire...

CÉLIMENE.

Il ne me plaît pas, moi.

Je vous trouve plaisant d'user d'un tel empire,
Et de me dire au nez ce que vous m'osez dire.

ALCESTE.

Non, non, sans s'emporter, prenez un peu souci
De me justifier les termes que voici.

CÉLIMENE.

Non, je n'en veux rien faire; et dans cette occurrence,
Tout ce que vous croirez m'est de peu d'importance.

ALCESTE.

De grace, montrez-moi, je serai satisfait,
Qu'on peut, pour une femme, expliquer ce billet.

CÉLIMENE.

Non, il est pour Oronte; et je veux qu'on le croie.
Je reçois tous ses soins avec beaucoup de joie,
J'admire ce qu'il dit, j'estime ce qu'il est,
Et je tombe d'accord de tout ce qu'il vous plaît.
Faites, prenez parti, que rien ne vous arrête,
Et ne me rompez pas davantage la tête.

ALCESTE, *à part*.

Ciel! rien de plus cruel peut-il être inventé?
Et jamais cœur fut-il de la sorte traité?
Quoi! d'un juste courroux je suis ému contre elle,
C'est moi qui me viens plaindre, et c'est moi qu'on que-
On pousse ma douleur et mes soupçons à bout, [relle!
On me laisse tout croire, on fait gloire de tout;
Et cependant mon cœur est encore assez lâche
Pour ne pouvoir briser la chaîne qui l'attache,
Et pour ne pas s'armer d'un généreux mépris
Contre l'ingrat objet dont il est trop épris!

(*à Célimène.*)

Ah! que vous savez-bien ici, contre moi-même,
Perfide, vous servir de ma faiblesse extrême,
Et ménager pour vous l'excès prodigieux
De ce fatal amour né de vos traîtres yeux!
Défendez-vous au moins du crime qui m'accable,
Et cessez d'affecter d'être envers moi coupable.
Rendez-moi, s'il se peut, ce billet innocent;
A vous prêter les mains ma tendresse consent;

Efforcez-vous ici de paraître fidèle,
Et je m'efforcerai, moi, de vous croire telle.

CÉLIMENE.

Allez, vous êtes fou dans vos transports jaloux,
Et ne méritez pas l'amour qu'on a pour vous.
Je voudrais bien savoir qui pourrait me contraindre
A descendre pour vous aux bassesses de feindre;
Et pourquoi, si mon cœur penchait d'autre côté,
Je ne le dirais pas avec sincérité.
Quoi! de mes sentiments l'obligeante assurance,
Contre tous vos soupçons ne prend pas ma défense?
Auprès d'un tel garant sont-ils de quelque poids?
N'est-ce pas m'outrager que d'écouter leur voix?
Et, puisque notre cœur fait un effort extrême,
Lorsqu'il peut se résoudre à confesser qu'il aime;
Puisque l'honneur du sexe, ennemi de nos feux,
S'oppose fortement à de pareils aveux;
L'amant qui voit pour lui franchir un tel obstacle,
Doit-il impunément douter de cet oracle?
Et n'est-il point coupable en ne s'assurant pas
A ce qu'on ne dit point qu'après de grands combats?
Allez, de tels soupçons méritent ma colère,
Et vous ne valez pas que l'on vous considère.
Je suis sotte, et veux mal à ma simplicité
De conserver encor pour vous quelque bonté;
Je devrais autre part attacher mon estime,
Et vous faire un sujet de plainte légitime.

ALCESTE.

Ah! traîtresse! mon faible est étrange pour vous;
Vous me trompez, sans doute, avec des mots si doux;
Mais il n'importe, il faut suivre ma destinée;
A votre foi mon ame est tout abandonnée;
Je veux voir jusqu'au bout quel sera votre cœur,
Et si de me trahir il aura la noirceur.

CÉLIMENE.

Non, vous ne m'aimez point comme il faut que l'on aime.

ALCESTE.

Ah! rien n'est comparable à mon amour extrême;

Et, dans l'ardeur qu'il a de se montrer à tous,
Il va jusqu'à former des souhaits contre vous.
Oui, je voudrais qu'aucun ne vous trouvât aimable,
Que vous fussiez réduite en un sort misérable;
Que le ciel, en naissant, ne vous eût donné rien;
Que vous n'eussiez ni rang, ni naissance, ni bien;
Afin que de mon cœur l'éclatant sacrifice
Vous pût, d'un pareil sort, réparer l'injustice;
Et que j'eusse la joie et la gloire en ce jour
De vous voir tenir tout des mains de mon amour.

CÉLIMÈNE.

C'est me vouloir du bien d'une étrange manière!
Me préserve le ciel que vous ayez matière....
Voici monsieur Dubois plaisamment figuré.

SCÈNE IV.
CÉLIMÈNE, ALCESTE, DUBOIS.

ALCESTE.

Que veut cet équipage et cet air effaré?
Qu'as-tu?

DUBOIS.

Monsieur...

ALCESTE.

Eh bien?

DUBOIS.

Voici bien des mystères.

ALCESTE.

Qu'est-ce?

DUBOIS.

Nous sommes mal, Monsieur, dans nos affaires.

ALCESTE.

Quoi?

DUBOIS.

Parlerai-je haut?

ALCESTE.

Oui, parle, et promptement.

DUBOIS.

N'est-il point là quelqu'un?

ACTE IV, SCÈNE IV.

ALCESTE.

Ah ! que d'amusement.
Veux-tu parler ?

DUBOIS.

Monsieur il faut faire retraite.

ALCESTE.

Comment ?

DUBOIS.

Il faut d'ici d'éloger sans trompette.

ALCESTE.

Et pourquoi ?

DUBOIS.

Je vous dis qu'il faut quitter ce lieu.

ALCESTE.

La cause ?

DUBOIS.

Il faut partir, Monsieur, sans dire adieu.

ALCESTE.

Mais par quelle raison me tiens-tu ce langage ?

DUBOIS.

Par la raison, Monsieur, qu'il faut plier bagage.

ALCESTE.

Ah ! je te casserai la tête assurément,
Si tu ne veux, maraud, t'expliquer autrement.

DUBOIS.

Monsieur, un homme noir et d'habit et de mine,
Est venu nous laisser, jusque dans la cuisine,
Un papier griffonné d'une telle façon,
Qu'il faudrait, pour le lire, être pis que démon.
C'est de votre procès, je n'en fais aucun doute ;
Mais, le diable d'enfer, je crois, n'y verrait goutte.

ALCESTE.

Eh bien ! quoi ? Ce papier, qu'a-t-il à démêler,
Traître, avec le départ dont tu viens me parler ?

DUBOIS.

C'ous dire ici, Monsieur, qu'une heure ensuite,
i souvent vient vous rendre visite,

6

Est venu vous chercher avec empressement,
Et, ne vous trouvant pas, m'a chargé doucement,
Sachant que je vous sers avec beaucoup de zèle,
De vous dire... Attendez, comme est-ce qu'il s'appelle?

ALCESTE.

Laisse-là son nom, traître, et dis ce qu'il t'a dit.

DUBOIS.

C'est un de vos amis; enfin, cela suffit.
Il m'a dit que d'ici votre péril vous chasse,
Et que d'être arrêté le sort vous y menace.

ALCESTE.

Mais quoi! n'a-t-il voulu te rien spécifier?

DUBOIS.

Non. Il m'a demandé de l'encre et du papier,
Et vous a fait un mot, où vous pourrez, je pense,
Du fond de ce mystère avoir la connaissance.

ALCESTE.

Donne-le donc.
(*Dubois cherche le billet dans toutes ses poches.*)

CÉLIMÈNE.

Que peut envelopper ceci?

ALCESTE.

Je ne sais; mais j'aspire à m'en voir éclairci.
Auras-tu bientôt fait, impertinent, au diable?

DUBOIS, *après avoir longtemps cherché le billet.*

Ma foi, je l'ai, Monsieur, laissé sur votre table.

ALCESTE.

Je ne sais qui me tient...
(*Dubois sort.*)

CÉLIMÈNE.

Ne vous emportez pas,
Et courez démêler un pareil embarras.

ALCESTE.

Il semble que le sort, quelque soin que je prenne,
Ait juré d'empêcher que je vous entretienne;
Mais, pour en triompher, souffrez à mon amour
De vous revoir, Madame, avant le fin du jour.

FIN DU QUATRIÈME ACTE.

ACTE V.

SCÈNE PREMIÈRE.
PHILINTE, ALCESTE.

ALCESTE.
La résolution en est prise, vous dis-je.
PHILINTE.
Mais, quel que soit ce coup, faut-il qu'il vous oblige...
ALCESTE.
Non, vous avez beau faire, et beau me raisonner,
Rien de ce que je dis ne me peut détourner :
Trop de perversité règne au siècle où nous sommes,
Et je veux me tirer du commerce et des hommes.
Quoi! contre ma partie on voit tout à la fois
L'honneur, la probité, la pudeur, et les lois;
On publie en tous lieux l'équité de ma cause;
Sur la foi de mon droit mon ame se repose;
Cependant je me vois trompé par le succès.
J'ai pour moi la justice, et je perds mon procès!
Un traître, dont on sait la scandaleuse histoire,
Est sorti triomphant d'une fausseté noire!
Toute la bonne foi cède à sa trahison!
Il trouve, en m'égorgeant, moyen d'avoir raison!
Le poids de sa grimace, où brille l'artifice,
Renverse le bon droit, et tourne la justice!
Il fait par un arrêt couronner son forfait!
Et, non content encor du tort que l'on me fait,
Il court parmi le monde un livre abominable,
Et de qui la lecture est même condamnable;
Un livre à mériter la dernière rigueur,
Dont le fourbe a le front de me faire l'auteur!
Et là dessus on voit Oronte qui murmure,
Et tâche méchamment d'appuyer l'imposture!
Lui, qui d'un honnête homme à la cour tient le rang,
A qui je n'ai rien fait qu'être sincère et franc,

Qui me vient, malgré moi, d'une ardeur empressée,
Sur des vers qu'il a faits demander ma pensée;
Et parce que j'en use avec honnêteté,
Et ne le veux trahir, lui, ni la vérité,
Il aide à m'accabler d'un crime imaginaire!
Le voilà devenu mon plus grand adversaire!
Et jamais de son cœur je n'aurai de pardon,
Pour n'avoir pas trouvé que son sonnet fût bon!
Et les hommes, morbleu! sont faits de cette sorte!
C'est à ces actions que la gloire les porte!
Voilà la bonne foi, le zèle vertueux,
La justice et l'honneur que l'on trouve chez eux!
Allons, c'est trop souffrir les chagrins qu'on nous forge:
Tirons-nous de ce bois et de ce coupe-gorge.
Puisqu'entre humains ainsi vous vivez en vrais loups,
Traîtres, vous ne m'aurez de ma vie avec vous.

PHILINTE.

Je trouve un peu bien prompt le dessein où vous êtes;
Et tout le mal n'est pas si grand que vous le faites.
Ce que votre partie ose vous imputer,
N'a point eu le crédit de vous faire arrêter;
On voit son faux rapport lui-même se détruire,
Et c'est une action qui pourrait bien lui nuire.

ALCESTE.

Lui! de semblables tours il ne craint point l'éclat:
Il a permission d'être franc scélérat;
Et, loin qu'à son crédit nuise cette aventure,
On l'en verra demain en meilleure posture.

PHILINTE.

Enfin il est constant qu'on n'a pas trop donné
Au bruit que contre vous sa malice a tourné;
De ce côté déjà vous n'avez rien à craindre;
Et pour votre procès, dont vous pouvez vous plaindre,
Il vous est en justice aisé d'y revenir,
Et contre cet arrêt...

ALCESTE.
Non, je veux m'y tenir.
Quelque sensible tort qu'un tel arrêt me fasse,
Je me garderai bien de vouloir qu'on le casse:

On y voit trop à plein le bon droit maltraité,
Et je veux qu'il demeure à la postérité,
Comme une marque insigne, un fameux témoignage
De la méchanceté des hommes de notre âge.
Ce sont vingt mille francs qu'il m'en pourra coûter ;
Mais pour vingt mille francs j'aurai droit de pester
Contre l'iniquité de la nature humaine,
Et de nourrir pour elle une immortelle haine.

PHILINTE.

Mais enfin...

ALCESTE.

Mais enfin, vos soins sont superflus.
Que pouvez-vous, Monsieur, me dire là-dessus ?
Aurez-vous bien le front de me vouloir, en face,
Excuser les horreurs de tout ce qui se passe ?

PHILINTE.

Non, je tombe d'accord de tout ce qu'il vous plaît ;
Tout marche par cabale et par pur intérêt :
Ce n'est plus que la ruse aujourd'hui qui l'emporte,
Et les hommes devraient être faits d'autre sorte.
Mais est-ce une raison que leur peu d'équité,
Pour vouloir se tirer de leur société ?
Tous ces défauts humains nous donnent, dans la vie,
Des moyens d'exercer notre philosophie :
C'est le plus bel emploi que trouve la vertu ;
Et, si de probité tout était revêtu,
Si tous les cœurs étaient francs, justes et dociles,
La plupart des vertus deviendraient inutiles,
Puisqu'on en met l'usage à pouvoir, sans ennui,
Supporter dans nos droits l'injustice d'autrui ;
Et, de même qu'un cœur d'une vertu profonde...

ALCESTE.

Je sais que vous parlez, Monsieur, le mieux du monde
En beaux raisonnements vous abondez toujours ;
Mais vous perdez le temps et tous vos beaux discours.
La raison, pour mon bien, veut que je me retire ;
Je n'ai point sur ma langue un assez grand empire ;
De ce que je dirais je ne répondrais pas ;
Et je me jetterais cent choses sur les bras.

Laissez-moi, sans dispute, attendre Célimène;
Il faut qu'elle consente au dessein qui m'amène;
Je vais voir si son cœur a de l'amour pour moi;
Et c'est ce moment-ci qui doit m'en faire foi.

PHILINTE.

Montons chez Eliante, attendant sa venue.

ALCESTE.

Non; de trop de souci je me sens l'ame émue.
Allez-vous-en la voir, et me laissez enfin
Dans ce petit coin sombre avec mon noir chagrin.

PHILINTE.

C'est une compagnie étrange pour attendre;
Et je vais obliger Eliante à descendre.

SCENE II.

CÉLIMÈNE, ORONTE, ALCESTE, *assis dans un coin.*

ORONTE.

Oui, c'est à vous de voir si par des nœuds si doux,
Madame, vous voulez m'attacher tout à vous.
Il me faut de votre ame une pleine assurance :
Un amant là-dessus n'aime point qu'on balance.
Si l'ardeur de mes feux a pu vous émouvoir,
Vous ne devez point feindre à me le faire voir;
Et la preuve, après tout, que je vous en demande,
C'est de ne plus souffrir qu'Alceste vous prétende;
De le sacrifier, Madame, à mon amour,
Et de chez vous enfin le bannir dès ce jour.

CÉLIMÈNE.

Mais quel sujet si grand contre lui vous irrite,
Vous à qui j'ai tant vu parler de son mérite?

ORONTE.

Madame, il ne faut point ces éclaircissements;
Il s'agit de savoir quels sont vos sentiments.
Choisissez, s'il vous plait, de garder l'un ou l'autre :
Ma résolution n'attend rien que la vôtre.

ACTE V, SCÈNE II.

ALCESTE, *sortant du coin où il était.*

Oui, Monsieur a raison, Madame; il faut choisir;
Et sa demande ici s'accorde à mon désir.
Pareille ardeur me presse, et même soin m'amène;
Mon amour veut du vôtre une marque certaine;
Les choses ne sont plus pour traîner en longueur,
Et voici le moment d'expliquer votre cœur.

ORONTE.

Je ne veux point, Monsieur, d'une flamme importune
Troubler aucunement votre bonne fortune.

ALCESTE.

Je ne veux point, Monsieur, jaloux ou non jaloux,
Partager de son cœur rien du tout avec vous.

ORONTE.

Si votre amour au mien lui semble préférable...

ALCESTE.

Si du moindre penchant elle est pour vous capable...

ORONTE.

Je jure de n'y rien prétendre désormais.

ALCESTE.

Je jure hautement de ne la voir jamais.

ORONTE.

Madame, c'est à vous de parler sans contrainte.

ALCESTE.

Madame, vous pouvez vous expliquer sans crainte.

ORONTE.

Vous n'avez qu'à nous dire où s'attachent vos vœux.

ALCESTE.

Vous n'avez qu'à trancher et choisir de nous deux.

ORONTE.

Quoi! sur un pareil choix vous semblez être en peine!

ALCESTE.

Quoi! votre ame balance, et paraît incertaine!

CÉLIMÈNE.

Mon Dieu! que cette instance est là hors de saison!
Et que vous témoignez tous deux peu de raison!
Je sais prendre parti sur cette préférence,
Et ce n'est pas mon cœur maintenant qui balance :
Il n'est point suspendu, sans doute, entre vous deux;
Et rien n'est sitôt fait que le choix de nos vœux.
Mais je souffre, à vrai dire, une gêne trop forte
A prononcer en face un aveu de la sorte;
Je trouve que ces mots, qui sont désobligeants,
Ne se doivent point dire en présence des gens;
Qu'un cœur de son penchant donne assez de lumière,
Sans qu'on nous fasse aller jusqu'à rompre en visière;
Et qu'il suffit enfin que de plus doux témoins
Instruisent un amant du malheur de ses soins.

ORONTE.

Non, non, un franc aveu n'a rien que j'appréhende,
J'y consens pour ma part.

ALCESTE.

Et moi, je le demande;
C'est son éclat surtout qu'ici j'ose exiger,
Et je ne prétends point vous voir rien ménager.
Conserver tout le monde est votre grande étude;
Mais plus d'amusement, et plus d'incertitude;
Il faut vous expliquer nettement là-dessus,
Ou bien pour un arrêt je prends votre refus;
Je saurai, de ma part, expliquer ce silence,
Et me tiendrai pour dit tout le mal que j'en pense.

ORONTE.

Je vous sais fort bon gré, Monsieur, de ce courroux,
Et je lui dis ici même chose que vous.

CÉLIMÈNE.

Que vous me fatiguez avec un tel caprice!
Ce que vous demandez a-t-il de la justice!
Et ne vous dis-je pas quel motif me retient?
J'en vais prendre pour juge Éliante qui vient.

SCENE III.

ELIANTE, PHILINTE, CELIMENE, ORONTE, ALCESTE.

CÉLIMENE.

Je me vois, ma cousine, ici persécutée
Par des gens dont l'humeur y paraît concertée.
Ils veulent, l'un et l'autre, avec même chaleur,
Que je prononce entre eux le choix que fait mon cœur ;
Et que, par un arrêt qu'en face il me faut rendre,
Je défende à l'un deux tous les soins qu'il peut prendre.
Dites-moi si jamais cela se fait ainsi.

ÉLIANTE.

N'allez point là-dessus me consulter ici ;
Peut-être y pourriez-vous être mal adressée,
Et je suis pour les gens qui disent leur pensée.

ORONTE.

Madame, c'est en vain que vous vous défendez.

ALCESTE.

Tous vos détours ici seront mal secondés.

ORONTE.

Il faut, il faut parler, et lâcher la balance.

ALCESTE.

Il ne faut que poursuivre à garder le silence.

ORONTE.

Je ne veux qu'un seul mot pour finir nos débats.

ALCESTE.

Et moi, je vous entends, si vous ne parlez pas.

SCÈNE IV.

ARSINOÉ, CÉLIMÈNE, ÉLIANTE, ALCESTE, PHILINTE, ACASTE, CLITANDRE, ORONTE.

ACASTE, *à Célimène.*

Madame, nous venons tous deux, sans vous déplaire,
Éclaircir avec vous une petite affaire.

CLITANDRE, à *Oronte et à Alceste.*

Fort à propos, Messieurs, vous vous trouvez ici;
Et vous êtes mêlés dans cette affaire aussi.

ARSINOE, à *Célimène.*

Madame, vous serez surprise de ma vue;
Mais ce sont ces messieurs qui causent ma venue:
Tous deux ils m'ont trouvée, et se sont plaints à moi
D'un trait à qui mon cœur ne saurait prêter foi.
J'ai du fond de votre ame une trop haute estime
Pour vous croire jamais capable d'un tel crime;
Mes yeux ont démenti leurs témoins les plus forts,
Et, l'amitié passant sur de petits discords,
J'ai bien voulu chez vous leur faire compagnie,
Pour vous voir vous laver de cette calomnie.

ACASTE.

Oui, Madame, voyons, d'un esprit adouci,
Comment vous vous prendrez à soutenir ceci.
Cette lettre, par vous, est écrite à Clitandre.

CLITANDRE.

Vous avez, pour Acaste, écrit ce billet tendre.

ACASTE, à *Oronte et à Alceste.*

Messieurs, ces traits pour vous n'ont point d'obscurité,
Et je ne doute pas que sa civilité
A connaître sa main n'ait trop su vous instruire;
Mais ceci vaut assez la peine de le dire.

« Vous êtes un étrange homme, Clitandre, de con-
« damner mon enjouement, et de me reprocher que
« je n'ai jamais tant de joie que lorsque je ne suis pas
« avec vous. Il n'y a rien de plus injuste; et, si vous
« ne venez bien vite me demander pardon de cette of-
« fense, je ne vous la pardonnerai de ma vie. Notre
« grand flandrin de vicomte... »

Il devrait être ici.

« Notre grand flandrin de vicomte, par qui vous com-
« mencez vos plaintes, est un homme qui ne saurait
« me revenir; et, depuis que je l'ai vu, trois quarts
« d'heure durant, cracher dans un puits pour faire

« des ronds, je n'ai pu jamais prendre bonne opinion
« de lui. Pour le petit marquis...
C'est moi-même, Messieurs, sans nulle vanité.
« Pour le petit marquis, qui me tint hier longtemps
« la main, je trouve qu'il n'y a rien de si mince que
« toute sa personne; et ce sont de ces mérites qui
« n'ont que la cape et l'épée. Pour l'homme aux rubans
« verts...

(à *Alceste*.)

A vous le dé, Monsieur.

« Pour l'homme aux rubans verts, il me divertit quel-
« quefois avec ses brusqueries et son chagrin bourru;
« mais il est cent moments où je le trouve le plus fâ-
« cheux du monde. Et pour l'homme au sonnet...

(à *Oronte*.)

Voici votre paquet.

« Et pour l'homme au sonnet, qui s'est jeté dans le
« bel esprit, et veut être auteur malgré tout le monde,
« je ne puis me donner la peine d'écouter ce qu'il dit;
« et sa prose me fatigue autant que ses vers. Mettez-
« vous donc en tête que je ne me divertis pas toujours
« si bien que vous pensez; que je vous trouve à dire,
« plus que je ne voudrais, dans toutes les parties où
« l'on m'entraîne, et que c'est un merveilleux assai-
« sonnement aux plaisirs qu'on goûte, que la présence
« des gens qu'on aime. »

CLITANDRE.

Me voici maintenant, moi.

« Votre Clitandre, dont vous me parlez, et qui fait
« tant le doucereux, est le dernier des hommes pour
« qui j'aurais de l'amitié. Il est extravagant de se
« persuader qu'on l'aime; et vous l'êtes de croire
« qu'on ne vous aime pas. Changez, pour être rai-
« sonnable, vos sentiments contre les siens; et voyez-
« moi le plus que vous pourrez, pour m'aider à porter
« le chagrin d'en être obsédée. »

D'un fort beau caractère on voit là le modèle,
Madame, et vous savez comment cela s'appelle.

Il suffit. Nous allons, l'un et l'autre en tous lieux,
Montrer de votre cœur le portrait glorieux.

ACASTE.

J'aurais de quoi vous dire, et belle est la matière;
Mais je ne vous tiens pas digne de ma colère;
Et je vous ferai voir que les petits marquis
Ont, pour se consoler, des cœurs de plus haut prix.

(Clitandre et Acaste sortent.)

SCENE V.

CÉLIMÈNE, ÉLIANTE, ARSINOÉ, ALCESTE, ORONTE, PHILINTE.

ORONTE.

Quoi! de cette façon je vois qu'on me déchire,
Après tout ce qu'à moi je vous ai vu m'écrire!
Et votre cœur, paré de beaux semblants d'amour,
A tout le genre humain se promet tour à tour!
Allez, j'étais trop dupe, et je vais ne plus l'être;
Vous me faites un bien, me faisant vous connaître;
J'y profite d'un cœur qu'ainsi vous me rendez,
Et trouve ma vengeance en ce que vous perdez.

(à Alceste.)

Monsieur, je ne fais plus d'obstacle à votre flamme,
Et vous pouvez conclure affaire avec Madame.

(Il sort.)

SCÈNE VI.

CÉLIMÈNE, ÉLIANTE, ARSINOÉ, ALCESTE, PHILINTE.

ARSINOÉ, à Célimène.

Certes, voilà le trait du monde le plus noir,
Je ne me saurais taire, et me sens émouvoir.
Voit-on des procédés qui soient pareils aux vôtres?
Je ne prends point de part aux intérêts des autres;

(Montrant Alceste.)

Mais Monsieur, que chez vous fixait votre bonheur,
Un homme comme lui, de mérite et d'honneur,

Et qui vous chérissait avec idolatrie,
Devrait-il...

ALCESTE.

Laissez-moi, Madame, je vous prie,
Vider mes intérêts moi-même là-dessus,
Et ne vous chargez point de ces soins superflus.
Mon cœur a beau vous voir prendre ici sa querelle,
Il n'est point en état de payer ce grand zèle;
Et ce n'est pas à vous que je pourrai songer,
Si, par un autre choix, je cherche à me venger.

ARSINOÉ.

Eh! croyez-vous, Monsieur, qu'on ait cette pensée,
Et que de vous avoir on soit tant empressée?
Je vous trouve un esprit bien plein de vanité,
Si de cette créance il peut s'être flatté.
Le rebut de Madame est une marchandise
Dont on aurait grand tort d'être si fort éprise.
Détrompez-vous, de grace, et portez-le moins haut :
Ce ne sont pas des gens comme moi qu'il vous faut;
Vous ferez bien encor de soupirer pour elle,
Et je brûle de voir une union si belle.

(*Elle sort.*)

SCÈNE VII.

CÉLIMÈNE, ÉLIANTE, ALCESTE, PHILINTE.

ALCESTE, *à Célimène*.

Eh bien! je me suis tu, malgré ce que je vois,
Et j'ai laissé parler tout le monde avant moi.
Ai-je pris sur moi-même un assez long empire?
Et puis-je maintenant...

CÉLIMÈNE.

Oui, vous pouvez tout dire;
Vous en êtes en droit, lorsque vous vous plaindrez,
Et de me reprocher tout ce que vous voudrez.
J'ai tort, je le confesse, et mon âme confuse
Ne cherche à vous payer d'aucune vaine excuse.
J'ai des autres ici méprisé le courroux;
Mais je tombe d'accord de mon crime envers vous.

Votre ressentiment, sans doute, est raisonnable;
Je sais combien je dois vous paraître coupable;
Que toute chose dit que j'ai pu vous trahir,
Et qu'enfin vous avez sujet de me haïr.
Faites-le, j'y consens.

ALCESTE.

Eh! le puis-je traîtresse!
Puis-je ainsi triompher de toute ma tendresse?
Et, quoique avec ardeur je veuille vous haïr,
Trouvè-je un cœur en moi tout prêt à m'obéir?
(à Éliante et à Philinte.)
Vous voyez ce que peut une indigne tendresse,
Et je vous fais tous deux témoins de ma faiblesse;
Mais, à vous dire vrai, ce n'est pas encor tout,
Et vous allez me voir la pousser jusqu'au bout;
Montrer que c'est à tort que sages on nous nomme,
Et que dans tous les cœurs il est toujours de l'homme.
(à Célimène.)
Oui, je veux bien, perfide, oublier vos forfaits;
J'en saurai, dans mon ame, excuser tous les traits,
Et me les couvrirai du nom d'une faiblesse,
Où le vice du temps porte votre jeunesse,
Pourvu que votre cœur veuille donner les mains
Au dessein que j'ai fait de fuir tous les humains;
Et que, dans mon désert, où j'ai fait vœu de vivre,
Vous soyez, sans tarder, résolue à me suivre.
C'est par là seulement que, dans tous les esprits,
Vous pouvez réparer le mal de vos écrits;
Et qu'après cet éclat qu'un noble cœur abhorre,
Il peut m'être permis de vous aimer encore.

CÉLIMÈNE.

Moi, renoncer au monde avant que de vieillir!
Et dans votre désert aller m'ensevelir!

ALCESTE.

Et, s'il faut qu'à mes feux votre flamme réponde,
Que vous doit importer tout le reste du monde?
Vos désirs avec moi ne sont-ils pas contents?

CÉLIMÈNE.

La solitude effraie une ame de vingt ans;

ACTE V, SCÈNE VIII.

Je ne sens point la mienne assez grande, assez forte,
Pour me résoudre à prendre un dessein de la sorte.
Si le don de ma main peut contenter vos vœux,
Je pourrai me résoudre à serrer de tels nœuds.
Et l'hymen...

ALCESTE.

Non. Mon cœur à présent vous déteste,
Et ce refus lui seul fait plus que tout le reste.
Puisque vous n'êtes point, en des liens si doux,
Pour trouver tout en moi, comme moi tout en vous,
Allez, je vous refuse; et ce sensible outrage,
De vos indignes fers pour jamais me dégage.

(Célimène sort.)

SCENE VIII.

ALCESTE, ÉLIANTE, PHILINTE.

ALCESTE, à *Éliante.*

Madame, cent vertus ornent votre beauté,
Et je n'ai vu qu'en vous de la sincérité;
De vous, depuis longtemps je fais un cas extrême:
Mais laissez-moi toujours vous estimer de même;
Et souffrez que mon cœur, dans ses troubles divers,
Ne se présente point à l'honneur de vos fers:
Je m'en sens trop indigne, et commence à connaître
Que le ciel pour ce nœud ne m'avait point fait naître;
Que ce serait pour vous un hommage trop bas
Que le rebut d'un cœur qui ne vous valait pas;
Et qu'enfin...

ÉLIANTE.

Vous pouvez suivre votre pensée :
Ma main de se donner n'est pas embarrassée;
Et voilà votre ami, sans trop m'inquiéter,
Qui, si je l'en priais, la pourrait accepter.

PHILINTE.

Ah! cet honneur, Madame, est toute mon envie,
Et j'y sacrifierais et mon sang et ma vie.

ALCESTE.

Puissiez-vous, pour goûter de vrais contentements,
L'un pour l'autre, à jamais, garder ces sentiments.

Trahi de toutes parts, accablé d'injustices,
Je vais sortir d'un gouffre où triomphent les vices;
Et chercher sur la terre un endroit écarté
Où d'être homme d'honneur on ait la liberté.

(*Il sort.*)

SCÈNE IX et dernière.

ÉLIANTE, PHILINTE.

PHILINTE.

Allons, Madame, allons employer toute chose
Pour rompre le dessein que son cœur se propose.

FIN DU MISANTHROPE.

LE

MÉDECIN MALGRÉ LUI,

COMÉDIE EN TROIS ACTES.

1666.

PERSONNAGES.

GÉRONTE, père de Lucinde.
LUCINDE, fille de Géronte.
LÉANDRE, amant de Lucinde.
SGANARELLE, mari de Martine.
MARTINE, femme de Sganarelle.
M. ROBERT, voisin de Sganarelle.
VALÈRE, domestique de Géronte.
LUCAS, mari de Jacqueline, domestique de Géronte.
JACQUELINE, nourrice chez Géronte, et femme de Lucas.
THIBAUT, père de Perrin, } paysans.
PERRIN, fils de Thibaut.

La scène est à la campagne.

LE MÉDECIN MALGRÉ LUI.

ACTE PREMIER.

SCÈNE PREMIÈRE.

SGANARELLE, MARTINE.

SGANARELLE.

Non, je te dis que je n'en veux rien faire, et que c'est à moi de parler et d'être le maître.

MARTINE.

Et je te dis, moi, que je veux que tu vives à ma fantaisie, et que je ne me suis point mariée avec toi pour souffrir tes fredaines.

SGANARELLE.

Oh! la grande fatigue que d'avoir une femme! et qu'Aristote a bien raison, quand il dit qu'une femme est pire qu'un démon.

MARTINE.

Voyez un peu l'habile homme, avec son bénêt d'Aristote!

SGANARELLE.

Oui, habile homme. Trouve-moi un faiseur de fagots qui sache comme moi raisonner des choses, qui ait servi six ans un fameux médecin, et qui ait su dans son jeune âge son rudiment par cœur.

MARTINE.

Peste du fou fieffé!

SGANARELLE.

Peste de la carogne!

MARTINE.

Que maudits soient l'heure et le jour où je m'avisai d'aller dire oui !

SGANARELLE.

Que maudit soit le bec cornu de notaire qui me fit signer ma ruine !

MARTINE

C'est bien à toi vraiment à te plaindre de cette affaire ! Devrais-tu être un seul moment sans rendre graces au ciel de m'avoir pour ta femme ? et méritais-tu d'épouser une personne comme moi ?

SGANARELLE.

Il est vrai que tu me fis trop d'honneur, et que j'eus lieu de me louer la première nuit de nos noces ! Hé ? morbleu ! ne me fait point parler là-dessus : je dirais de certaines choses...

MARTINE.

Quoi ? Que dirais-tu ?

SGANARELLE.

Baste, laissons là ce chapitre. Il suffit que nous savons ce que nous savons, et que tu fus bien heureuse de me trouver.

MARTINE.

Qu'appelles-tu bien heureuse de te trouver ? Un homme qui me réduit à l'hôpital, un débauché, un traître, qui me mange tout ce que j'ai !...

SGANARELLE.

Tu as menti, j'en bois une partie.

MARTINE.

Qui me vend, pièce à pièce, tout ce qui est dans le logis !...

SGANARELLE.

C'est vivre de ménage.

MARTINE

Qui m'a ôté jusqu'au lit que j'avais !...

SGANARELLE.

Tu t'en lèveras plus matin.

MARTINE.

Enfin qui ne laisse aucun meuble dans toute la maison !...

SGANARELLE.

On en déménage plus aisément.

ACTE I, SCENE I.

MARTINE.

Et qui, du matin jusqu'au soir, ne fait que jouer et que boire !

SGANARELLE.

C'est pour ne me point ennuyer.

MARTINE.

Et que veux-tu pendant ce temps que je fasse avec ma famille ?

SGANARELLE.

Tout ce qu'il te plaira.

MARTINE.

J'ai quatre pauvres petits enfants sur les bras...

SGANARELLE.

Mets-les à terre.

MARTINE.

Qui me demandent à toute heure du pain.

SGANARELLE.

Donne-leur le fouet : quand j'ai bien bu et bien mangé ; je veux que tout le monde soit saoul dans ma maison.

MARTINE.

Et tu prétends, ivrogne, que les choses aillent toujours de même ?

SGANARELLE.

Ma femme, allons tout doucement, s'il vous plaît.

MARTINE.

Que j'endure éternellement tes insolences et tes débauches ?...

SGANARELLE.

Ne nous emportons point, ma femme.

MARTINE.

Et que je ne sache pas trouver le moyen de te ranger à ton devoir.

SGANARELLE.

Ma femme, vous savez que je n'ai pas l'ame endurante, et que j'ai le bras assez bon.

MARTINE.

Je me moque de tes menaces.

SGANARELLE.

Ma petite femme, ma mie, votre peau vous démange à votre ordinaire.

MARTINE.

Je te montrerai que je ne te crains nullement.

SGANARELLE.

Ma chère moitié, vous avez envie de me dérober quelque chose.

MARTINE.

Crois-tu que je m'épouvante de tes paroles?

SGANARELLE.

Doux objet de mes vœux, je vous frotterai les oreilles.

MARTINE.

Ivrogne que tu es!

SGANARELLE.

Je vous battrai.

MARTINE.

Sac à vin.

SGANARELLE.

Je vous rosserai.

MARTINE.

Infame!

SGANARELLE.

Je vous étrillerai.

MARTINE.

Traître! insolent! trompeur! lâche! coquin! pendard! gueux! belître! fripon! maraud! voleur!...

SGANARELLE.

Ah! vous en voulez donc?

(*Sganarelle prend un bâton, et bat sa femme.*)

MARTINE, *criant.*

Ah! ah! ah! ah!

SGANARELLE.

Voilà le vrai moyen de vous apaiser.

SCÈNE II.

M. ROBERT, SGANARELLE, MARTINE.

M. ROBERT.

Holà! holà! holà! Fi! Qu'est ceci? Quelle infamie! Peste soit le coquin, de battre ainsi sa femme!

MARTINE, *à Robert.*

Et je veux qu'il me batte, moi.

M. ROBERT.

Ah! j'y consens de tout mon cœur.

ACTE I, SCÈNE II.

MARTINE.

De quoi vous mêlez-vous?

M. ROBERT.

J'ai tort.

MARTINE.

Est-ce là votre affaire?

M. ROBERT.

Vous avez raison.

MARTINE.

Voyez un peu cet impertinent, qui veut empêcher les maris de battre leurs femmes!

M. ROBERT.

Je me rétracte.

MARTINE.

Qu'avez-vous à voir là-dessus?

M. ROBERT.

Rien.

MARTINE.

Est-ce à vous d'y mettre le nez?

M. ROBERT.

Non.

MARTINE.

Mêlez-vous de vos affaires.

M. ROBERT.

Je ne dis plus mot.

MARTINE.

Il me plaît d'être battue.

M. ROBERT.

D'accord.

MARTINE.

Ce n'est pas à vos dépens.

M. ROBERT.

Il est vrai.

MARTINE.

Et vous êtes un sot de venir vous fourrer où vous n'avez que faire. (*Elle lui donne un soufflet.*)

M. ROBERT, *à Sganarelle.*

Compère, je vous demande pardon de tout mon cœur. Faites, rossez, battez comme il faut votre femme; je vous aiderai, si vous le voulez.

SGANARELLE.

Il ne me plaît pas, moi.

M. ROBERT.

Ah! c'est une autre chose.

SGANARELLE.

Je la veux battre, si je le veux; et ne la veux pas battre, si je ne le veux pas.

M. ROBERT.

Fort bien.

SGANARELLE.

C'est ma femme, et non pas la vôtre.

M. ROBERT.

Sans doute.

SGANARELLE.

Vous n'avez rien à commander.

M. ROBERT.

D'accord.

SGANARELLE.

Je n'ai que faire de votre aide.

M. ROBERT.

Très volontiers.

SGANARELLE.

Et vous êtes un impertinent de vous ingérer des affaires d'autrui. Apprenez que Cicéron dit qu'entre l'arbre et le doigt il ne faut point mettre l'écorce.

(Il bat M. Robert, et le chasse.)

SCÈNE III.

SGANARELLE, MARTINE.

SGANARELLE.

Oh çà! faisons la paix nous deux. Touche là.

MARTINE.

Oui, après m'avoir ainsi battue!

SGANARELLE.

Cela n'est rien. Touche.

MARTINE.

Je ne veux pas.

SGANARELLE.

Eh!

MARTINE.

Non.

SGANARELLE.

Ma petite femme.

MARTINE.

Point.

SGANARELLE.

Allons, te dis-je.

MARTINE.

Je n'en ferai rien.

SGANARELLE.

Viens, viens, viens.

MARTINE.

Non, je veux être en colère.

SGANARELLE.

Fi! c'est une bagatelle. Allons, allons.

MARTINE.

Laisse-moi là.

SGANARELLE.

Touche, te dis-je.

MARTINE.

Tu m'as trop maltraitée.

SGANARELLE.

Hé bien! va, je te demande pardon; mets là ta main.

MARTINE.

Je te pardonne; *(bas à part.)* mais tu le paieras.

SGANARELLE.

Tu es une folle de prendre garde à cela : ce sont petites choses qui sont de temps en temps nécessaires dans l'amitié; et cinq ou six coups de bâton, entre gens qui s'aiment, ne font que ragaillardir l'affection. Va, je m'en vais au bois, et je te promets aujourd'hui plus d'un cent de fagots.

SCENE IV.

MARTINE, *seule*.

Va, quelque mine que je fasse, je n'oublierai pas mon ressentiment; et je brûle en moi-même de trouver les moyens de te punir des coups que tu m'as donnés. Je sais bien qu'une femme a toujours dans les mains de quoi se venger d'un mari : mais c'est une punition trop délicate pour mon pendard : je veux une vengeance qui se fasse un peu mieux sentir; et ce n'est pas contentement pour l'injure que j'ai reçue.

SCÈNE V.

VALÈRE, LUCAS, MARTINE.

LUCAS, *à Valère sans voir Martine.*

Parguienne! j'avons pris là tous deux une gueble de commission; et je ne sais pas, moi, ce que je pensons attraper.

VALÈRE, *à Lucas, sans voir Martine.*

Que veux-tu, mon pauvre nourricier? il faut bien obeir à notre maître : et puis, nous avons intérêt l'un et l'autre à la santé de sa fille, notre maîtresse; et sans doute son mariage, différé par sa maladie, nous vaudra quelque récompense. Horace, qui est libéral, a bonne part aux prétentions qu'on peut avoir sur sa personne; et, quoiqu'elle ait fait voir de l'amitié pour un certain Léandre, tu sais bien que son père n'a jamais voulu consentir à le recevoir pour son gendre.

MARTINE, *rêvant à part, se croyant seule.*

Ne puis-je point trouver quelque invention pour me venger?

LUCAS, *à Valère.*

Mais quelle fantaisie s'est-il boutée là dans la tête, puisque les médecins y avont tous perdu leur latin?

VALÈRE, *à Lucas.*

On trouve quelquefois, à force de chercher, ce qu'on ne trouve pas d'abord; et souvent en de simples lieux...

MARTINE, *se croyant toujours seule.*

Oui, il faut que je m'en venge à quelque prix que ce soit. Ces coups de bâton me reviennent au cœur, je ne les saurais digérer; et... (*heurtant Valère et Lucas.*) Ah! messieurs, je vous demande pardon; je ne vous voyais pas, et cherchais dans ma tête quelque chose qui m'embarrasse.

VALÈRE.

Chacun a ses soins dans le monde, et nous cherchons aussi ce que nous voudrions bien trouver.

MARTINE.

Serait-ce quelque chose où je vous puisse aider?

VALÈRE.

Cela se pourrait faire ; et nous tâchons de rencontrer quelque habile homme, quelque médecin particulier, qui pût donner quelque soulagement à la fille de notre maître, attaquée d'une maladie qui lui a ôté tout d'un coup l'usage de la langue. Plusieurs médecins ont déjà épuisé toute leur science après elle; mais on trouve parfois des gens avec des secrets admirables, de certains remèdes particuliers, qui font le plus souvent ce que les autres n'ont su faire ; et c'est là ce que nous cherchons.

MARTINE, *bas, à part*.

Ah ! que le ciel m'inspire une admirable invention pour me venger de mon pendard ! (*haut.*) Vous ne pouviez jamais vous mieux adresser pour rencontrer ce que vous cherchez ; et nous avons un homme, le plus merveilleux homme du monde, pour les maladies désespérées.

VALÈRE.

Et de grace? où pouvons-nous le rencontrer?

MARTINE.

Vous le trouverez maintenant vers ce petit lieu que voilà, qui s'amuse à couper du bois !

LUCAS.

Un médecin qui coupe du bois !

VALÈRE.

Qui s'amuse à cueillir des simples, voulez-vous dire?

MARTINE.

Non; c'est un homme extraordinaire qui se plaît à cela, fantasque, bizarre, quinteux, et que vous ne prendriez jamais pour ce qu'il est. Il va vêtu d'une façon extravagante, affecte quelquefois de paraître ignorant, tient sa science renfermée, et ne fuit rien tant, tous les jours, que d'exercer les merveilleux talents qu'il a eus du ciel pour la médecine.

VALÈRE.

C'est une chose admirable, que tous les grands hommes ont toujours du caprice, quelque petit grain de folie mêlé à leur science.

MARTINE.

La folie de celui-ci est plus grande qu'on ne peut

croire, car elle va parfois jusqu'à vouloir être battu pour demeurer d'accord de sa capacité ; et je vous donne avis que vous n'en viendrez pas à bout, qu'il n'avouera jamais qu'il est médecin, s'il se le met en fantaisie, que vous ne preniez chacun un bâton, et ne le réduisiez, à force de coups, à vous confesser à la fin ce qu'il vous cachera d'abord. C'est ainsi que nous en usons quand nous avons besoin de lui.

VALÈRE.

Voilà une étrange folie !

MARTINE.

Il est vrai ; mais, après cela, vous verrez qu'il fait des merveilles.

VALÈRE.

Comment s'appelle-t-il ?

MARTINE.

Il s'appelle Sganarelle. Mais il est aisé à connaître : c'est un homme qui a une large barbe noire, et qui porte une fraise, avec un habit jaune et vert.

LUCAS.

Un habit jaune et vart ! C'est donc le médecin des parroquets ?

VALÈRE.

Mais est-il bien vrai qu'il soit si habile que vous le dites ?

MARTINE.

Comment ! c'est un homme qui fait des miracles. Il y a six mois qu'une femme fut abandonnée de tous les autres médecins : on la tenait morte il y avait déjà six heures, et l'on se disposait à l'ensevelir, lorsqu'on y fit venir de force l'homme dont nous parlons. Il lui mit, l'ayant vue, une petite goutte de je ne sais quoi dans la bouche ; et, dans le même instant, elle se leva de son lit, et se mit aussitôt à se promener dans sa chambre comme si de rien n'eût été.

LUCAS.

Ah !

VALÈRE.

Il fallait que ce fût quelque goutte d'or potable.

MARTINE.

Cela pourrait bien être. Il n'y a pas trois semaines encore qu'un jeune enfant de douze ans tomba du haut du clocher en bas, et se brisa sur le pavé la tête, les bras et les jambes. On n'y eut pas plutôt amené notre homme, qu'il le frotta par tout le corps d'un certain onguent qu'il sait faire; et l'enfant aussitôt se leva sur ses pieds, et courut jouer à la fossette.

LUCAS.

Ah!

VALÈRE.

Il faut que cet homme-là ait la médecine universelle.

MARTINE.

Qui en doute?

LUCAS.

Tétigué! v'là justement l'homme qu'il nous faut. Allons vite le charcher.

VALERE.

Nous vous remercions du plaisir que vous nous faites.

MARTINE.

Mais souvenez-vous bien au moins de l'avertissement que je vous ai donné.

LUCAS.

Hé! morguenne! laissez-nous faire: s'il ne tient qu'à battre, la vache est à nous.

VALERE, *à Lucas.*

Nous sommes bienheureux d'avoir fait cette rencontre; et j'en conçois, pour moi, la meilleure espérance du monde.

SCÈNE VII.

SGANARELLE, VALÈRE, LUCAS.

SGANARELLE, *chantant derrière le théâtre.*

Là, là, là.

VALÈRE.

J'entends quelqu'un qui chante, et qui coupe du bois.

SGANARELLE, *entrant sur le théâtre avec une bouteille à sa main, sans apercevoir Valère ni Lucas.*

Là, là, là... Ma foi, c'est assez travailler pour boire un coup. Prenons un peu d'haleine. (*après avoir bu.*) Voilà du bois qui est salé comme tous les diables.

(*Il chante*)
   Qu'ils sont doux,
   Bouteille jolie,
   Qu'ils sont doux,
  Vos petits glougloux!
Mais mon sort ferait bien des jaloux,
  Si vous étiez toujours remplie.
   Ah! bouteille ma mie,
   Pourquoi vous videz-vous?

Allons, morbleu! il ne faut point engendrer de mélancolie.

    VALÈRE, *bas à Lucas.*

Le voilà lui-même.

    LUCAS, *bas à Valère.*

Je pense que vous dites vrai, et que j'avons bouté le nez dessus.

    VALÈRE.

Voyons de près.

    SGANARELLE, *embrassant sa bouteille.*

Ah! ma petite friponne! que je t'aime, mon petit bouchon! (*Il chante.*)
(*Apercevant Valère et Lucas qui l'examinent, il baisse la voix.*)
  Mais mon sort... ferait.... bien... des jaloux,
  Si...
   (*Voyant qu'on l'examine de plus près.*)
Que diable, à qui en veulent ces gens-là?

    VALÈRE, *à Lucas.*

C'est lui assurément.

    LUCAS, *à Valère.*

Le v'là tout craché comme on nous l'a défiguré.
(*Sganarelle pose la bouteille à terre; et Valère se baissant pour le saluer, comme il croit que c'est à dessein de la prendre, il la met de l'autre côté; Lucas faisant la même chose que Valère, Sganarelle reprend sa bou-*

ACTE I, SCÈNE VI.

teille, et la tient contre son estomac, avec divers gestes qui font un jeu de théâtre.

SGANARELLE, à part.

Ils consultent en me regardant. Quel dessein auraient-ils?

VALÈRE.

Monsieur, n'est-ce pas vous qui vous appelez Sganarelle.

SGANARELLE.

Hé! Quoi?

VALÈRE.

Je vous demande si ce n'est pas vous qui se nomme Sganarelle.

SGANARELLE, se retournant vers Valère, puis vers Lucas.

Oui et non, selon ce que vous lui voulez.

VALÈRE.

Nous ne voulons que lui faire toutes les civilités que nous pourrons.

SGANARELLE.

En ce cas, c'est moi qui se nomme Sganarelle.

VALÈRE.

Monsieur, nous sommes ravis de vous voir. On nous a adressés à vous, pour ce que nous cherchons; et nous venons implorer votre aide, dont nous avons besoin.

SGANARELLE.

Si c'est quelque chose, messieurs, qui dépende de mon petit négoce, je suis tout prêt à vous rendre service.

VALÈRE.

Monsieur, c'est trop de grace que vous nous faites. Mais, monsieur, couvrez-vous, s'il vous plaît; le soleil pourrait vous incommoder.

LUCAS.

Monsieu, boutez dessus.

SGANARELLE, à part.

Voici des gens bien pleins de cérémonies. (Il se couvre).

VALÈRE.

Monsieur, il ne faut pas trouver étrange que nous venions à vous; les habiles gens sont toujours recherchés; et nous sommes instruits de votre capacité.

SGANARELLE.

Il est vrai, messieurs, que je suis le premier homme du monde pour faire des fagots.

VALÈRE.

Ah! monsieur!...

SGANARELLE.

Je n'y épargne aucune chose, et les fais d'une façon qu'il n'y a rien à dire.

VALÈRE.

Monsieur, ce n'est pas cela dont il est question.

SGANARELLE.

Mais aussi, je les vends cent dix sous le cent.

VALÈRE.

Ne parlons point de cela, s'il vous plaît.

SGANARELLE.

Je vous promets que je ne saurais les donner à moins.

VALÈRE.

Monsieur, nous savons les choses.

SGANARELLE.

Si vous savez les choses, vous savez que je les vends cela.

VALÈRE.

Monsieur, c'est se moquer, que...

SGANARELLE.

Je ne me moque point, je n'en puis rien rabattre.

VALÈRE.

Parlons d'autre façon, de grace.

SGANARELLE.

Vous en pourrez trouver autre part à moins; il y a fagots et fagots : mais pour ceux que je fais...

VALÈRE.

Hé! monsieur! laissons la ce discours.

SGANARELLE.

Je vous jure que vous ne les auriez pas, s'il s'en fallait un double.

VALÈRE.

Hé! fi!

SGANARELLE.

Non, en conscience; vous en paierez cela. Je vous parle sincèrement, et ne suis pas homme à surfaire.

ACTE SCENE VI.

VALÈRE.

Faut-il, monsieur, qu'une personne comme vous s'amuse à ces grossières feintes, s'abaisse à parler de la sorte! qu'un homme si savant, un fameux médecin, comme vous êtes, veuille se déguiser aux yeux du monde, et tenir enterrés les beaux talents qu'il a!

SGANARELLE, *à part*.

Il est fou.

VALÈRE.

De grace, monsieur, ne dissimulez point avec nous.

SGANARELLE.

Comment?

LUCAS.

Tout ce tripotage ne sart de rien; je savons c'en que je savons.

SGANARELLE.

Quoi donc? que me voulez-vous dire? Pour qui me prenez-vous?

VALÈRE.

Pour ce que vous êtes, pour un grand médecin.

SGANARELLE.

Médecin vous-même; je ne le suis point et je ne l'ai jamais été.

VALERE, *bas*.

Voilà sa folie qui le tient. (*haut.*) Monsieur, ne veuillez point nier les choses davantage; et n'en venons point, s'il vous plaît, à de fâcheuses extrémités.

SGANARELLE.

A quoi donc?

VALÈRE.

A de certaines choses dont nous serions marris.

SGANARELLE.

Parbleu! venez-en à tout ce qu'il vous plaira; je ne suis point médecin, et ne sais ce que vous me voulez dire.

VALÈRE, *bas*.

Je vois bien qu'il faut se servir du remède (*haut.*) Monsieur, encore un coup je vous prie d'avouer ce que vous êtes.

LUCAS.

Hé! tétigué! ne lantiponnez point davantage, et confessez à la franquette que v's êtes médecin.

SGANARELLE, *à part.*

J'enrage.

VALERE.

A quoi bon nier ce qu'on sait?

LUCAS.

Pourquoi toutes ces fraimes-là? A quoi est-ce que ça vous sart?

SGANARELLE.

Messieurs, en un mot autant qu'en deux mille, je vous dis que je ne suis point médecin.

VALERE.

Vous n'êtes point médecin?

SGANARELLE.

Non.

LUCAS.

V'n'êtes pas médecin?

SGANARELLE.

Non, vous dis-je.

VALERE.

Puisque vous le voulez, il faut s'y résoudre.

(*Ils prennent chacun un bâton et le frappent.*)

SGANARELLE.

Ah! ah! ah! messieurs, je suis tout ce qu'il vous plaira.

VALERE.

Pourquoi, monsieur, nous obligez-vous à cette violence?

LUCAS.

A quoi bon nous bailler la peine de vous battre?

VALERE.

Je vous assure que j'en ai tous les regrets du monde.

LUCAS.

Par ma figué! j'en sis fâché, franchement.

SGANARELLE.

Que diable est ceci, messieurs? De grace, est-ce pour rire, ou si tous deux vous extravaguez, de vouloir que je sois médecin?

ACTE I, SCENE VI.

VALERE.

Quoi! vous ne vous rendez pas encore, et vous vous défendez d'être médecin?

SGANARELLE.

Diable emporte si je le sais?

LUCAS.

Il n'est pas vrai qu'vous sayez médecin?

SGANARELLE.

Non, la peste m'étouffe! (*Ils recommencent à le battre.*) Ah! ah! Hé bien! messieurs, oui, puisque vous le voulez, je suis médecin, je suis médecin; apothicaire encore, si vous le trouvez bon. J'aime mieux consentir à tout, que de me faire assommer.

VALERE.

Ah! voilà qui va bien, monsieur; je suis ravi de vous voir raisonnable.

LUCAS.

Vous me boutez la joie au cœur, quand je vous vois parler comme ça.

VALERE.

Je vous demande pardon de toute mon ame.

LUCAS.

Je vous demande pardon de la libarté que j'avons prise.

SGANARELLE, *à part.*

Ouais, serait-ce bien moi qui me tromperais, et serais-je devenu médecin sans m'en être aperçu?

VALERE.

Monsieur, vous ne vous repentirez pas de nous montrer ce que vous êtes; et vous verrez assurément que vous en serez satisfait.

SGANARELLE.

Mais, messieurs, dites-moi, ne vous trompez-vous point vous-mêmes? Est-il bien assuré que je sois médecin?

LUCAS.

Oui, par ma figué!

SGANARELLE.

Tout de bon?

VALERE.

Sans doute.

SGANARELLE.

Diable emporte, si je le savais!

VALERE.

Comment! vous êtes le plus habile médecin du monde!

SGANARELLE.

Ah! ah!

LUCAS.

Un médecin qui a gari je ne sais combien de maladies.

SGANARELLE.

Tudieu!

VALERE.

Une femme était tenue pour morte il y avait six heures; elle était prête à ensevelir, lorsqu'avec une goutte de quelque chose vous la fîtes revenir et marcher d'abord par la chambre.

SGANARELLE.

Peste!

LUCAS.

Un petit enfant de douze ans se laissit choir du haut d'un clocher; de quoi il eut la tête, les jambes et les bras cassés: et vous, avec je ne sais quel onguent, vous fîtes qu'aussitôt il se relevit sur ses pieds, et s'en fut jouer à la fossette.

SGANARELLE.

Diantre?

VALERE.

Enfin, monsieur, vous aurez contentement avec nous, et vous gagnerez ce que vous voudrez, en vous laissant conduire où nous prétendons vous mener.

SGANARELLE.

Je gagnerai ce que je voudrai.

VALERE.

Oui.

SGANARELLE.

Ah! je suis médecin, sans contredit. Je l'avais oublié; mais je m'en ressouviens. De quoi est-il question? Où faut-il se transporter?

ACTE I, SCENE VI.

VALERE.

Nous vous conduirons. Il est question d'aller voir une fille qui a perdu la parole.

SGANARELLE.

Ma foi, je ne l'ai pas trouvée.

VALERE, *bas à Lucas.*

Il aime à rire. (*à Sganarelle.*) Allons, monsieur.

SGANARELLE.

Sans une robe de médecin?

VALERE.

Nous en prendrons une.

SGANARELLE, *presentant sa bouteille à Valère.*

Tenez cela, vous : voilà où je mets mes juleps. (*puis se tournant vers Lucas en crachant.* Vous, marchez là-dessus, par ordonnance du médecin.

LUCAS.

Palsanguenne ! v'là un médecin qui me plaît ; je pense qu'il réussira, car il est bouffon.

FIN DU PREMIER ACTE.

ACTE II.

SCÈNE PREMIÈRE.

GÉRONTE, VALÈRE, LUCAS, JACQUELINE.

VALERE.

Oui, monsieur, je crois que vous serez satisfait; et, nous vous avons amené le plus grand médecin du monde.

LUCAS.

Oh! morguenne! il faut tirer l'échelle après céti-là; et tous les autres ne sont pas daignes de li déchausser ses souliés.

VALERE.

C'est un homme qui a fait des cures merveilleuses.

LUCAS.

Qui a gari des gens qui étiant morts.

VALERE.

Il est un peu capricieux, comme je vous ai dit; et parfois, il a des moments où son esprit s'échappe, et ne parait pas ce qu'il est.

LUCAS.

Oui, il aime à bouffonner; et l'an dirait parfois, ne v's en déplaise, qu'il a quelque petit coup de hache à la tête.

VALERE.

Mais dans le fond, il est tout science; et bien souvent il dit des choses tout à fait relevées.

LUCAS.

Quand il s'y boute, il parle tout fin drait comme s'il lisait dans un livre.

VALERE.

Sa réputation s'est déjà répandue ici; et tout le monde vient à lui.

GERONTE.

Je meurs d'envie de le voir; faites-le moi vite venir.

VALÈRE.

Je le vais quérir.

SCENE II.
GÉRONTE, JACQUELINE, LUCAS.
JACQUELINE.

Par ma fi, monsieu, ceti-ci fera justement ce qu'ant fait les autres. Je pense que ce sera queussi queumi ; et la meilleure médeçaine que l'an pourrait bailler à votre fille, ce serait, selon moi, un biau et bon mari, pour qui alle eût de l'amiquié.

GÉRONTE.

Ouais ! nourrice, ma mie, vous vous mêlez de bien des choses !

LUCAS.

Taisez-vous, notre minagére Jacquelaine ; ce n'est pas à vous à bouter là votre nez.

JACQUELINE.

Je vous dis et vous douze que tous ces médecins n'y feront rian que de liau claire : que votre fille a besoin d'autre chose que de rhibarbe et de sené, et qu'un mari est un emplâtre qui garit tous les maux des filles.

GÉRONTE.

Est-elle en état maintenant qu'on s'en voulût charger avec l'infirmité qu'elle a ? et lorsque j'ai été dans le dessein de la marier, ne s'est-elle pas opposée à mes volontés ?

JACQUELINE.

Je le crois bian ; vous l'y vouliez bailler eun homme qu'alle n'aime point. Que ne preniais-vous ce monsieu Liandre, qui li touchait au cœur ? Elle aurait été fort obéissante ; et je m'en vais gager qu'il la prendrait, li, comme alle est, si vous la li vouillais donner.

GÉRONTE.

Ce Léandre n'est pas ce qu'il lui faut ; il n'a pas du bien comme l'autre.

JACQUELINE.

Il a eun oncle qui est riche, dont il est l'hériquié !

GÉRONTE.

Tous ces biens à venir me semblent autant de chansons. Il n'est rien tel que ce qu'on tient; et l'on court grand risque de s'abuser, lorsque l'on compte sur le bien qu'un autre vous garde. La mort n'a pas toujours les oreilles ouvertes aux vœux et aux prières de messieurs les héritiers; et l'on a le temps d'avoir les dents longues, lorsqu'on attend, pour vivre, le trépas de quelqu'un.

JACQUELINE.

Enfin, j'ai toujours ouï dire qu'en mariage, comme ailleurs, contentement passe richesse. Les pères et les mères ont cette maudite coutume de demander toujours : Qu'a-t-il? et Qu'a-t-elle? et le compère Piarre a marié sa fille Simonette au gros Thomas, pour un quarquié de vaigne qu'il avait davantage que le jeune Robin, où alle avait bouté son amiquié; et v'là que la pauvre creyature en est devenue jaune comme un coin, et n'a point profité tout depuis ce temps là. C'est un bel exemple pour vous, monsieu. On n'a que son plaisir en ce monde; et j'aimerais mieux bailler à ma fille eun bon mari qui li fût agriable, que toutes les rentes de la Biausse.

GÉRONTE.

Peste! madame la nourrice, comme vous dégoisez! Taisez-vous, je vous prie ; vous prenez trop de soin, et vous échauffez votre lait.

LUCAS, *frappant à chaque phrase qu'il dit, sur l'épaule de Géronte.*

Morgué! tais-toi, t'es une impertinente. Monsieu n'a que faire de tes discours, et il sait ce qu'il a à faire. Mêle-toi de donner à teter à ton enfant, sans tant faire la raisonneuse. Monsieu est le père de sa fille; et il est bon et sage pour voir ce qu'il li faut.

GÉRONTE.

Tout doux! Oh! tout doux!

LUCAS, *frappant sur l'épaule de Géronte.*

Monsieu, je veux un peu la mortifier, et li apprendre le respect qu'alle vous doit.

GÉRONTE.

Oui. Mais ces gestes ne sont pas nécessaires.

SCENE III.

VALÈRE, SGANARELLE, GÉRONTE, LUCAS, JACQUELINE.

VALERE.

Monsieur, préparez-vous. Voici votre médecin qui entre.

GÉRONTE, *à Sganarelle.*

Monsieur, je suis ravi de vous voir chez moi, et nous avons grand besoin de vous.

SGANARELLE, *en robe de médecin avec un chapeau des plus pointus.*

Hippocrate dit..... que nous nous couvrions tous deux.

GÉRONTE.

Hippocrate dit cela?

SGANARELLE.

Oui.

GÉRONTE.

Dans quel chapitre, s'il vous plaît?

SGANARELLE.

Dans son chapitre... des chapeaux.

GÉRONTE.

Puisque Hippocrate le dit, il le faut faire.

SGANARELLE.

Monsieur le médecin, ayant appris les merveilleuses choses...

GERONTE.

A qui parlez-vous, de grace?

SGANARELLE.

A vous.

GÉRONTE.

Je ne suis pas médecin.

SGANARELLE.

Vous n'êtes pas médecin?

GERONTE.

Non, vraiment.

SGANARELLE.

Tout de bon?

GERONTE.

Tout de bon.

(*Sganarelle prend un bâton, et frappe Géronte.*)
Ah! ah! ah!

SGANARELLE.

Vous êtes médecin maintenant; je n'ai jamais eu d'autres licences.

GÉRONTE, *à Valère.*

Quel diable d'homme m'avez-vous là amené?

VALERE.

Je vous ai bien dit que c'était un médecin goguénard.

GÉRONTE.

Oui: mais je l'enverrais promener avec ses goguénarderies.

LUCAS.

Ne prenez pas garde à ça, monsieu; ce n'est que pour rire.

GÉRONTE.

Cette raillerie ne me plaît pas.

SGANARELLE.

Monsieur, je vous demande pardon de la liberté que j'ai prise.

GÉRONTE.

Monsieur, je suis votre serviteur.

SGANARELLE.

Je suis fâché...

GERONTE.

Cela n'est rien.

SGANARELLE.

Des coups de bâton.

GERONTE.

Il n'y a pas de mal.

SGANARELLE.

Que j'ai eu l'honneur de vous donner.

GERONTE.

Ne parlons plus de cela. Monsieur, j'ai une fille qui est tombée dans une étrange maladie.

SGANARELLE.

Je suis ravi, monsieur, que votre fille ait besoin de moi; et je souhaiterais, de tout mon cœur, que vous en eussiez besoin aussi, vous et toute votre famille, pour vous témoigner l'envie que j'ai de vous servir.

GERONTE.
Je vous suis obligé de ces sentiments.
SGANARELLE.
Je vous assure que c'est du meilleur de mon ame que je vous parle.
GERONTE.
C'est trop d'honneur que vous me faites.
SGANARELLE.
Comment s'appelle votre fille ?
GERONTE.
Lucinde.
SGANARELLE.
Lucinde ! Ah ! beau nom à médicamenter ! Lucinde!
GERONTE.
Je m'en vais voir un peu ce qu'elle fait.
SGANARELLE.
Qui est cette grande femme-là ?
GERONTE.
C'est la nourrice d'un petit enfant que j'ai.

SCENE IV.
SGANARELLE, JACQUELINE, LUCAS.

SGANARELLE, *à part.*
Peste ! le joli meuble que voilà ! (*haut.*) Ah ! nourrice, charmante nourrice, ma médecine est la très humble esclave de votre nourricerie, et je voudrais bien être le petit poupon fortuné qui tétât le lait de vos bonnes graces. (*Il lui porte la main sur le sein.*) Tous mes remèdes, toute ma science, toute ma capacité est à votre service ; et...
LUCAS.
Avec votre parmission, monsieu le médecin, laissez-là ma femme, je vous prie.
SGANARELLE.
Quoi ! elle est votre femme ?
LUCAS.
Oui.
SGANARELLE.
Ah ! vraiment je ne savais pas cela, et je m'en réjouis pour l'amour de l'un et de l'autre.
(*Il fait semblant de vouloir embrasser Lucas, et embrasse la nourrice.*)

LUCAS, *tirant Sganarelle, et se remettant entre lui et sa femme.*

Tout doucement, s'il vous plaît.

SGANARELLE.

Je vous assure que je suis ravi que vous soyez unis ensemble : je la félicite d'avoir un mari comme vous; et je vous félicite, vous, d'avoir une femme si belle, si sage, si bien faite comme elle est.

(*Il fait encore semblant d'embrasser Lucas, qui lui tend les bras; Sganarelle passe dessous, et embrasse encore la nourrice.*)

LUCAS, *le tirant encore.*

Hé! tétigué! point tant de compliments, je vous supplie.

SGANARELLE.

Ne voulez-vous pas que je me réjouisse avec vous d'un si bel assemblage?

LUCAS.

Avec moi tant qu'il vous plaira; mais avec ma femme, trève de sarimonie.

SGANARELLE.

Je prends part également au bonheur de tous deux: et si je vous embrasse pour vous en témoigner ma joie, je l'embrasse de même pour lui en témoigner aussi. (*Il continue le même jeu.*)

LUCAS, *le tirant pour la troisième fois.*

A! vartigué, monsieu le médecin, que de lantiponnage!

SCENE V.

GÉRONTE, SGANARELLE, LUCAS, JACQUELINE.

GÉRONTE.

Monsieur, voici tout à l'heure ma fille qu'on va vous amener.

SGANARELLE.

Je l'attends, monsieur, avec toute la médecine.

GÉRONTE.

Où est-elle?

ACTE II, SCENE VI.

SGANARELLE, *se touchant le front.*

Là-dedans.

GÉRONTE.

Fort bien.

SGANARELLE.

Mais comme je m'intéresse à toute votre famille, il faut que j'essaie un peu le lait de votre nourrice, et que je visite son sein.

(*Il s'approche de Jacqueline.*)

LUCAS, *le tirant, et lui faisant faire la pirouette.*

Nannain, nannain ; je n'avons que faire de ça.

SGANARELLE.

C'est l'office du médecin de voir les tétons des nourrices.

LUCAS.

Il gnia office qui quienne, je sis votre sarviteur.

SGANARELLE.

As-tu bien la hardiesse de t'opposer au médecin ? Hors de là.

LUCAS.

Je me moque de ça.

SGANARELLE, *en le regardant de travers.*

Je te donnerai la fièvre.

JACQUELINE, *prenant Lucas par le bras, et lui faisant faire aussi la pirouette.*

Ote-toi de là aussi ; est-ce que je ne sis pas assez grande pour me défendre moi-même, s'il me fait queuque chose qui ne soit pas à faire?

LUCAS.

Je ne veux pas qu'il te tâte, moi.

SGANARELLE.

Fi le vilain, qui est jaloux de sa femme !

GÉRONTE.

Voici ma fille.

SCENE VI.

LUCINDE, GÉRONTE, SGANARELLE, VALÈRE, LUCAS, JACQUELINE.

SGANARELLE.

Est-ce là la malade?

GÉRONTE.

Oui. Je n'ai qu'elle de fille ; et j'aurais tous les regrets du monde, si elle venait à mourir.

SGANARELLE.

Qu'elle s'en garde bien ! Il ne faut pas qu'elle meure sans l'ordonnance du médecin.

GÉRONTE.

Allons, un siège.

SGANARELLE, *assis entre Géronte et Lucinde.*

Voilà une malade qui n'est pas tant dégoûtante, et je tiens qu'un homme bien sain s'en accommoderait assez.

GÉRONTE.

Vous l'avez fait rire, monsieur.

SGANARELLE.

Tant mieux : lorsque le médecin fait rire la malade, c'est le meilleur signe du monde. (*à Lucinde.*) Hé bien ! de quoi est-il question? Qu'avez-vous? Quel est le mal que vous sentez?

LUCINDE, *portant sa main à sa bouche à sa tête, et sous son menton.*

Han, hi, hon, han.

SGANARELLE.

Hé que dites-vous?

LUCINDE, *continue les mêmes gestes.*

Han, hi, hon, han, han, hi, hon.

SGANARELLE.

Quoi?

LUCINDE.

Han, hi, hon.

SGANARELLE.

Han, hi, hon, han, ha. Je ne vous entends point. Quel diable de langage est-ce là?

GÉRONTE.

Monsieur, c'est là sa maladie. Elle est devenue muette, sans que jusqu'ici on en ait pu savoir la cause ; et c'est un accident qui a fait reculer son mariage.

SGANARELLE.

Et pourquoi?

GÉRONTE.
Celui qu'elle doit épouser veut attendre sa guérison pour conclure les choses.

SGANARELLE.
Et qui est ce sot-là, qui ne veut pas que sa femme soit muette? Plut à Dieu que la mienne eût cette maladie! je me garderais bien de la vouloir guérir.

GÉRONTE.
Enfin, monsieur, nous vous prions d'employer tous vos soins, pour la soulager de son mal.

SGANARELLE.
Ah! ne vous mettez pas en peine. Dites-moi un peu : ce mal l'oppresse-t-il beaucoup?

GÉRONTE.
Oui, monsieur.

SGANARELLE.
Tant mieux. Sent-elle de grandes douleurs?

GÉRONTE.
Fort grandes.

SGANARELLE.
C'est fort bien fait. Va-t-elle où vous savez?

GÉRONTE.
Oui.

SGANARELLE.
Copieusement?

GÉRONTE.
Je n'entends rien à cela.

SGANARELLE.
La matière est-elle louable?

GÉRONTE.
Je ne me connais pas à ces choses.

SGANARELLE, (*à Lucinde.*)
Donnez-moi votre bras. (*à Géronte.*) Voilà un pouls qui marque que votre fille est muette.

GÉRONTE.
Hé! oui, monsieur, c'est là son mal; vous l'avez trouvé tout du premier coup.

SGANARELLE.
Ha! ha!

JACQUELINE.

Voyez comme il a deviné sa maladie.

SGANARELLE.

Nous autres grands médecins, nous connaissons d'abord les choses. Un ignorant aurait été embarrassé, et vous eût été dire : C'est ceci, c'est cela ; mais moi, je touche au but du premier coup, et je vous apprends que votre fille est muette.

GÉRONTE.

Oui : mais je voudrais bien que vous me pussiez dire d'où cela vient.

SGANARELLE.

Il n'est rien de plus aisé ; cela vient de ce qu'elle a perdu la parole ?

GÉRONTE.

Fort bien. Mais la cause, s'il vous plaît, qui fait qu'elle a perdu la parole ?

SGANARELLE.

Tous nos meilleurs auteurs vous diront que c'est l'empêchement de l'action de sa langue.

GÉRONTE.

Mais encore, vos sentiments sur cet empêchement de l'action de sa langue ?

SGANARELLE.

Aristote, là-dessus, dit... de fort belles choses

GÉRONTE.

Je le crois.

SGANARELLE.

Ah ! c'était un grand homme !

GÉRONTE.

Sans doute.

SGANARELLE.

Grand homme tout à fait; un homme qui était (*levant le bras depuis le coude*) plus grand que moi de tout cela. Pour revenir donc à notre raisonnement, je tiens que cet empêchement de l'action de sa langue est causé par de certaines humeurs qu'entre nous autres savants nous appelons humeurs peccantes ; c'est-à-dire... humeurs peccantes ; d'autant que les vapeurs formées par les exhalaisons des influences qui s'élèvent dans la région des maladies, venant... pour ainsi dire... à... Entendez-vous le latin ?

GÉRONTE.

En aucune façon.

SGANARELLE, *se levant brusquement.*

Vous n'entendez point le latin ?

GÉRONTE.

Non.

SGANARELLE, *avec enthousiasme.*

Cabricias arci thuram, catalamus, singulariter, nominativo, hæc musa, la muse, *bonus, bona, bonum. Deus sanctus, est-ne oratio latinas? Etiam,* oui. *Quare?* pourquoi ? *Quia substantivo, et adjectivum, concordat in generi, numerum, et casus.*

GÉRONTE.

Ah ! que n'ai-je étudié !

JACQUELINE.

L'habile homme que v'là !

LUCAS.

Oui, ça est si biau, que je n'y entends goutte.

SGANARELLE.

Or ces vapeurs, dont je vous parle, venant à passer du côté gauche où est le foie, au côté droit où est le cœur, il se trouve que le poumon, que nous appelons en latin *armyan*, ayant communication avec le cerveau, que nous nommons en grec *nasmus*, par le moyen de la veine cave, que nous appelons en hébreu *cubile*, rencontre en son chemin les dites vapeurs qui remplissent les ventricules de l'omoplate, et parce que lesdites vapeurs... Comprenez bien ce raisonnement, je vous prie... et parce que lesdites vapeurs ont une certaine malignité... Ecoutez bien ceci, je vous conjure...

GÉRONTE.

Oui.

SGANARELLE.

Ont une certaine malignité qui est causée... Soyez attentif, s'il vous plaît...

GÉRONTE.

Je le suis.

SGANARELLE.

Qui est causée par l'âcreté des humeurs engendrées dans la concavité du diaphrame, il arrive que ces vapeurs... *Ossabundus, nequeis, nequer, potarium, quipsa milus.* Voilà justement ce qui fait que votre fille est muette.

JACQUELINE.

Ah! que ça est bian dit, notre homme!

LUCAS.

Que n'ai-je la langue aussi bian pendue!

GÉRONTE.

On ne peut pas mieux raisonner, sans doute. Il n'y a qu'une seule chose qui m'a choqué : c'est l'endroit du foie et du cœur. Il me semble que vous les placez autrement qu'ils ne sont; que le cœur est du côté gauche, et le foie du côté droit.

SGANARELLE.

Oui, cela était autrefois ainsi : mais nous avons changé tout cela, et nous faisons maintenant la médecine d'une méthode toute nouvelle.

GÉRONTE.

C'est ce que je ne savais pas, et je vous demande pardon de mon ignorance.

SGANARELLE.

Il n'y a pas de mal; et vous n'êtes pas obligé d'être aussi habile que nous.

GÉRONTE.

Assurément. Mais, monsieur, que croyez-vous qu'il faille faire à cette maladie?

SGANARELLE.

Ce que je crois qu'il faille faire.

GÉRONTE.

Oui.

SGANARELLE.

Mon avis est qu'on la remette sur son lit, et qu'on lui fasse prendre pour remède quantité de pain trempé dans du vin.

GÉRONTE.
Pourquoi cela, monsieur?
SGANARELLE.
Parce qu'il y a dans le vin et le pain, mêlés ensemble, une vertu sympathique qui fait parler. Ne voyez-vous pas bien qu'on ne donne autre chose aux perroquets, et qu'ils apprennent à parler en mangeant de cela?
GÉRONTE.
Cela est vrai. Ah! le grand homme! Vite, quantité de pain et de vin.
SGANARELLE.
Je reviendrai voir sur le soir en quel état elle sera.

SCÈNE VII.
GÉRONTE, SGANARELLE, JACQUELINE.

SGANARELLE, *à Jacqueline.*
Doucement, vous. (*à Géronte.*) Monsieur, voilà une nourrice à laquelle il faut que je fasse quelques petits remèdes.
JACQUELINE.
Qui? moi? Je me porte le mieux du monde.
SGANARELLE.
Tant pis, nourrice, tant pis. Cette grande santé est à craindre, et il ne sera pas mauvais de vous faire quelque petite saignée amiable, de vous donner quelque petit clystère dulcifiant.
GÉRONTE.
Mais, monsieur, voilà une mode que je ne comprends point. Pourquoi s'aller faire saigner quand on n'a point de maladie!
SGANARELLE.
Il n'importe, la mode en est salutaire; et, comme on boit pour la soif à venir, il faut aussi se faire saigner pour la maladie à venir.
JACQUELINE, *en s'en allant.*
Ma fi, je me moque de ça, et je ne veux point faire de mon corps une boutique d'apothicaire.

SGANARELLE.

Vous êtes rétive aux remèdes; mais nous saurons vous soumettre à la raison.

SCENE VIII.

GÉRONTE, SGANARELLE.

SGANARELLE.

Je vous donne le bon jour.

GÉRONTE.

Attendez un peu, s'il vous plaît.

SGANARELLE.

Que voulez-vous faire?

GÉRONTE.

Vous donner de l'argent, monsieur.

SGANARELLE, *tendant sa main par derrière, tandis que Géronte ouvre sa bourse.*

Je n'en prendrai pas, monsieur.

GÉRONTE.

Monsieur...

SGANARELLE.

Point du tout.

GÉRONTE.

Un petit moment.

SGANARELLE.

En aucune façon.

GÉRONTE.

De grace!

SGANARELLE.

Vous vous moquez.

GÉRONTE.

Voilà qui est fait.

SGANARELLE.

Je n'en ferai rien.

GÉRONTE.

Hé!

SGANARELLE.

Ce n'est pas l'argent qui me fait agir.

GÉRONTE.

Je le crois.

SGANARELLE, *après avoir pris l'argent.*
Cela est-il de poids?
GÉRONTE.
Oui, monsieur.
SGANARELLE.
Je ne suis pas un médecin mercenaire.
GÉRONTE.
Je le sais bien.
SGANARELLE.
L'intérêt ne me gouverne point.
GÉRONTE.
Je n'ai pas cette pensée.
SGANARELLE, *seul regardant l'argent qu'il a reçu.*
Ma foi, cela ne va pas mal; et pourvu que...

SCENE IX.

LÉANDRE SGANARELLE.

LÉANDRE.
Monsieur, il y a longtemps que je vous attends; et je viens implorer votre assistance.
SGANARELLE, *lui tâtant le pouls.*
Voilà un pouls qui est fort mauvais.
LÉANDRE.
Je ne suis point malade, monsieur; et ce n'est pas pour cela que viens à vous.
SGANARELLE.
Si vous n'êtes pas malade, que diable ne le dites-vous donc?
LÉANDRE.
Non. Pour vous dire la chose en deux mots, je m'appelle Léandre, qui suis amoureux de Lucinde que vous venez de visiter; et comme, par la mauvaise humeur de son père, toute sorte d'accès m'est fermé auprès d'elle, je me hasarde à vous prier de vouloir servir mon amour, et de me donner lieu d'exécuter un stratagème que j'ai trouvé pour lui pouvoir dire deux mots d'où dépendent absolument mon bonheur et ma vie.

SGANARELLE.

Pour qui me prenez-vous? Comment! oser vous adresser à moi pour vous servir dans votre amour, et vouloir ravaler la dignité de médecin à des emplois de cette nature!

LEANDRE.

Monsieur, ne faites point de bruit.

SGANARELLE, *en le faisant reculer.*

J'en veux faire, moi. Vous êtes un impertinent.

LÉANDRE.

Hé! monsieur, doucement.

SGANARELLE.

Un malavisé.

LÉANDRE.

De grace.

SGANARELLE.

Je vous apprendrai que je ne suis point homme à cela, et que c'est une insolence extrême...

LEANDRE, *tirant une bourse.*

Monsieur...

SGANARELLE.

De vouloir m'employer... (*Recevant une bourse.*) Je ne parle pas pour vous, car vous êtes honnête homme; et je serais ravi de vous rendre service: mais il y a de certains impertinents au monde qui viennent prendre les gens pour ce qu'ils ne sont pas; et je vous avoue que cela me met en colère.

LÉANDRE.

Je vous demande pardon, monsieur, de la liberté que...

SGANARELLE.

Vous vous moquez. De quoi est-il question?

LÉANDRE.

Vous saurez donc, monsieur, que cette maladie que vous voulez guérir est une feinte maladie. Les médecins ont raisonné là-dessus comme il faut; et ils n'ont pas manqué de dire que cela procédait, qui du cerveau, qui des entrailles, qui de la rate, qui du foie : mais il est certain que l'amour en est la véritable cause, et que Lucinde n'a trouvé cette maladie que pour se délivrer d'un mariage dont elle était importunée. Mais, de crainte qu'on ne nous voie ensemble, retirons-nous d'ici ; et je vous dirai en marchant ce que je souhaite de vous.

SGANARELLE.

Allons, monsieur : vous m'avez donné pour votre amour une tendresse qui n'est pas concevable ; et j'y perdrai toute ma médecine, ou la malade crèvera, ou bien elle sera à vous.

FIN DU SECOND ACTE.

ACTE III.

SCÈNE PREMIÈRE.
LÉANDRE, SGANARELLE.

LÉANDRE.
Il me semble que je ne suis pas mal ainsi pour un apothicaire; et, comme le père ne m'a guère vu, ce changement d'habit et de perruque est assez capable, je crois, de me déguiser à ses yeux.

SGANARELLE.
Sans doute.

LÉANDRE.
Tout ce que je souhaiterais, serait de savoir cinq ou six grands mots de médecine, pour parer mon discours et me donner l'air d'habile homme.

SGANARELLE.
Allez, allez, tout cela n'est pas nécessaire; il suffit de l'habit : et je n'en sais pas plus que vous.

LÉANDRE.
Comment!

SGANARELLE.
Diable emporte si j'entends rien en médecine! Vous êtes honnête homme, et je veux bien me confier à vous, comme vous vous confiez à moi.

LÉANDRE.
Quoi! vous n'êtes pas effectivement...

SGANARELLE.
Non, vous dis-je; ils m'ont fait médecin malgré mes dents. Je ne m'étais jamais mêlé d'être si savant que cela; et toutes mes études n'ont été que jusqu'en sixième. Je ne sais pas sur quoi cette imagination leur est venue; mais quand j'ai vu qu'à toute force ils voulaient que je fusse médecin, je me suis résolu de

l'être aux dépens de qui il appartiendra. Cependant vous ne sauriez croire comment l'erreur s'est répandue, et de quelle façon chacun est endiablé à me croire habile homme. On me vient chercher de tous côtés; et, si les choses vont toujours de même, je suis d'avis de m'en tenir toute ma vie à la médecine. Je trouve que c'est le métier le meilleur de tous; car, soit qu'on fasse bien, où soit qu'on fasse mal, on est toujours payé de même sorte. La méchante besogne ne retombe jamais sur notre dos; et nous taillons, comme il nous plaît, sur l'étoffe où nous travaillons. Un cordonnier, en faisant des souliers, ne saurait gâter un morceau de cuir qu'il n'en paie les pots cassés; mais ici l'on peut gâter un homme sans qu'il en coûte rien. Les bévues ne sont point pour nous, et c'est toujours la faute de celui qui meurt. Enfin le bon de cette profession est qu'il y a parmi les morts une honnêteté, une discrétion la plus grande du monde; et jamais on n'en voit se plaindre du médecin qui l'a tué.

LÉANDRE.

Il est vrai que les morts sont fort honnêtes gens sur cette matière.

SGANARELLE, *voyant des hommes qui viennent à lui.*

Voilà des gens qui ont la mine de me venir consulter. (*à Léandre.*) Allez toujours m'attendre auprès du logis de votre maîtresse.

SCENE II.
THIBAULT, PERRIN, SGANARELLE.

THIBAULT.

Monsieu, je venons vous charcher, mon fils Perrin et moi.

SGANARELLE.

Qu'y a-t-il?

THIBAULT.

Sa pauvre mère, qui a nom Parrette, est dans un lit, malade, il y a six mois.

SGANARLLE, *tendant la main comme pour recevoir de l'argent.*

Que voulez-vous que j'y fasse!

THIBAULT.

Je voudrions, monsieu, que vous nous baillissiez queuque petite drôlerie pour la garir.

SGANARELLE.

Il faut voir. De quoi est-ce qu'elle est malade?

THIBAULT.

Alle est malade d'hypocrisie, monsieu.

SGANARELLE.

D'hypocrisie.

THIBAULT.

Oui, c'est à dire qu'alle est enflée partout; et l'an dit que c'est quantité de sériosités qu'alle a dans le corps, et que son foie, son ventre, ou sa rate, comme vous voudrais l'appeler, au glieu de faire du sang, ne fait plus que de l'iau. Alle a, de deux jours l'un, la fièvre quotiguienne, avec des lassitudes et des douleurs dans les mufles des jambes. On entend dans sa gorge des fleumes qui sont tout prêts à l'étouffer; et parfois il lui prend des syncoles et des conversions, que je crayons qu'alle est passée. J'avons dans notre village un apothicaire, révérence parler, qui li a donné je ne sais combien d'histoires; et il m'en coûte plus d'eune douzaine de bons écus en lavements, ne v's en déplaise, en aposthumes qu'on li a fait prendre, en infections de jacinthe, et en portions cordales. Mais tout ça, comme dit l'autre, n'a été que de l'onguent miton-mitaine. Il velait li bailler d'une certaine drogue que l'on appelle du vin amétile; mais j'ai-z-eu peur franchement que ça l'envoyît *a patres*; et l'an dit que ces gros médecins tuont je ne sais combien de monde avec cette invention-là.

SGANARELLE, *tendant toujours la main*.

Venons au fait, mon ami, venons au fait.

THIBAULT.

Le fait est, monsieu, que je venons vous prier de nous dire ce qu'il faut que nous fassions.

SGANARELLE.

Je ne vous entends point du tout.

PERRIN.

Monsieu, ma mère est malade; et v'là deux écus

que je vous apportons pour nous bailler queuque remède.

SGANARELLE.

Ah! je vous entends, vous. Voilà un garçon qui parle clairement, et qui s'explique comme il faut. Vous dites que votre mère est malade d'hydropisie, qu'elle est enflée par tout le corps, qu'elle a la fièvre, avec des douleurs dans les jambes, et qu'il lui prend parfois des syncopes et des convulsions, c'est à dire des évanouissements?

PERRIN.

Hé! oui, monsieur, c'est justement ça.

SGANARELLE.

J'ai compris d'abord vos paroles. Vous avez un père qui ne sait ce qu'il dit. Maintenant vous me demandez un remède?

PERRIN.

Oui, monsieur.

SGANARELLE.

Un remède pour la guérir?

PERRIN.

C'est comme je l'entendons.

SGANARELLE.

Tenez, voilà un morceau de fromage qu'il faut que vous lui fassiez prendre.

PERRIN.

Du fromage, monsieur?

SGANARELLE.

Oui: c'est un fromage préparé, où il entre de l'or, du corail et des perles, et quantité d'autres choses précieuses.

PERRIN.

Monsieur, je vous sommes bien obligés et j'allons li faire prendre ça tout-à-l'heure.

SGANARELLE.

Allez. Si elle meurt, ne manquez pas de la faire enterrer du mieux que vous pourrez.

SCENE III.

JACQUELINE, SGANARELLE, LUCAS,
dans le fond du théâtre.

SGANARELLE.

Voici la belle nourrice. Ah! nourrice de mon cœur, je suis ravi de cette rencontre; et votre vue est la rhubarbe, la casse, et le séné, qui purgent toute la mélancolie de mon ame.

JACQUELINE.

Par ma figué, monsieu le médecin, ça est trop bian dit pour moi, et je n'entends rian à tout votre latin.

SGANARELLE.

Devenez malade, nourrice, je vous prie; devenez malade pour l'amour de moi. J'aurais toutes les joies du monde de vous guérir.

JACQUELINE.

Je sis bien votre servante; j'aime bian mieux qu'an ne me guérisse pas.

SGANARELLE.

Que je vous plains, belle nourrice, d'avoir un mari jaloux et fâcheux, comme celui que vous avez!

JACQUELINE.

Que v'lez-vous, monsieu? C'est pour la pénitence de mes fautes; et là où la chèvre est bian liée, il faut qu'alle y broute.

SGANARELLE.

Comment! un rustre comme cela! un homme qui vous observe toujours et ne veut pas que personne vous parle!

JACQUELINE.

Hélas! vous n'avez rian vu encore; et ce n'est qu'un petit échantillon de sa mauvaise himeur.

SGANARELLE.

Est-il possible! et qu'un homme ait l'ame assez basse pour maltraiter une personne comme vous! Ah! que j'en sais, belle nourrice, et qui ne sont pas loin d'ici, qui se tiendraient heureux de baiser seulement les petits bouts de vos petons! Pourquoi faut-il qu'une

personne si bien faite soit tombée en de pareilles mains!
et qu'un franc animal, un brutal, un stupide, un sot...
— Pardonnez-moi, nourrice, si je parle ainsi de votre
mari...

JACQUELINE.

Hé monsieu, je sais bian qu'il mérite tous ces
noms là.

SGANARELLE.

Oui, sans doute, nourrice, il les mérite; et il mé-
riterait encore que vous lui missiez quelque chose sur
la tête, pour le punir des soupçons qu'il a.

JACQUELINE.

Il est bian vrai que si je n'avais devant les yeux
que son intérêt, il pourrait m'obliger à queuque
étrange chose.

SGANARELLE.

Ma foi, vous ne feriez pas mal de vous venger de
lui avec quelqu'un. C'est un homme, je vous le dis,
qui mérite bien cela; et, si j'étais assez heureux,
belle nourrice, pour être choisi pour...
(*Dans le temps que Sganarelle tend les bras pour embrasser Jacqueline, Lucas passe sa tête par dessous,
et se met entre eux deux. Sganarelle et Jacqueline re-
gardent Lucas, et sortent chacun de leur côté.*)

SCENE IV.

GÉRONTE, LUCAS.

GÉRONTE.

Holà! Lucas, n'as-tu point vu ici notre médecin?

LUCAS.

Et oui, de par tous les diantres, je l'ai vu; et ma
femme aussi.

GÉRONTE.

Où est-ce qu'il peut être?

LUCAS.

Je ne sais; mais je voudrais qu'il fût à tous les
guebles.

GÉRONTE.

Va t'en voir un peu ce que fait ma fille.

SCÈNE V.

SGANARELLE, LÉANDRE, GÉRONTE.

GÉRONTE.

Ah ! monsieur, je demandais où vous étiez.

SGANARELLE.

Je m'étais amusé, dans votre cour, à expulser le superflu de la boisson. Comment se porte la malade ?

GÉRONTE.

Un peu plus mal depuis votre remède.

SGANARELLE.

Tant mieux ; c'est signe qu'il opère.

GÉRONTE.

Oui ! mais en opérant, je crains qu'il ne l'étouffe.

SGANARELLE.

Ne vous mettez pas en peine, j'ai des remèdes qui se moquent de tout, et je l'attends à l'agonie.

GÉRONTE, *montrant Léandre.*

Qui est cet homme là que vous amenez ?

SGANARELLE, *faisant des signes avec la main pour montrer que c'est un apothicaire.*

C'est...

GÉRONTE.

Quoi ?

SGANARELLE.

Celui.

GÉRONTE.

Hé !

SGANARELLE.

Qui...

GÉRONTE.

Je vous entends.

SGANARELLE.

Votre fille en aura besoin.

SCÈNE VI.

LUCINDE, GÉRONTE, LÉANDRE, JACQUELINE, SGANARELLE.

JACQUELINE.

Monsieu, v'là votre fille qui veut un peu marcher.

ACTE III, SCENE VI.

SGANARELLE.

Cela lui fera du bien. Allez-vous-en, monsieur l'apothicaire, tâter un peu son pouls, afin que je raisonne, tantôt avec vous, de sa maladie.

(*Sganarelle tire Géronte dans un coin du théâtre, et lui passe un bras sur les épaules pour l'empêcher de tourner la tête du côté où sont Léandre et Lucinde.*)

Monsieur, c'est une grande et subtile question entre les docteurs, de savoir si les femmes sont plus faciles à guérir que les hommes. Je vous prie d'écouter ceci, s'il vous plaît. Les uns disent que non, les autres disent que oui : et moi je dis qu'oui et non ; d'autant que l'incongruité des humeurs opaques qui se rencontrent au tempérament naturel des femmes, étant cause que la partie brutale veut toujours prendre empire sur la sensitive, l'inégalité de leurs opinions dépend du mouvement oblique du cercle de la lune ; et comme le soleil, qui darde ses rayons sur la concavité de la terre, trouve...

LUCINDE, *à Léandre.*

Non, je ne suis point du tout capable de changer de sentiment.

GÉRONTE.

Voilà ma fille qui parle ! O grande vertu du remède ! O admirable médecin ? Que je vous suis obligé, monsieur, de cette guérison merveilleuse ! et que puis-je faire pour vous après un tel service ?

SGANARELLE, *se promenant sur le théâtre et s'éventant avec son chapeau.*

Voilà une maladie qui m'a bien donné de la peine !

LUCINDE.

Oui, mon père, j'ai recouvré la parole ; mais je l'ai recouvrée pour vous dire que je n'aurai jamais d'autre époux que Léandre, et que c'est inutilement que vous voulez me donner Horace.

GÉRONTE.

Mais...

LUCINDE.

Rien n'est capable d'ébranler la résolution que j'ai prise.

GÉRONTE.

Quoi!...

LUCINDE.

Vous m'opposerez en vain de belles raisons.

GÉRONTE.

Si...

LUCINDE.

Tous vos discours ne serviront de rien.

GÉRONTE.

Je...

LUCINDE.

C'est une chose où je suis déterminée.

GÉRONTE.

Mais...

LUCINDE.

Il n'est puissance paternelle qui me puisse obliger à me marier malgré moi.

GÉRONTE.

J'ai...

LUCINDE.

Vous avez beau faire tous vos efforts.

GÉRONTE.

Il...

LUCINDE.

Mon cœur ne saurait se soumettre à cette tyrannie.

GÉRONTE.

La...

LUCINDE.

Et je me jetterai plutôt dans un couvent, que d'épouser un homme que je n'aime point.

GÉRONTE.

Mais...

LUCINDE, *avec vivacité.*

Non. En aucune façon. Point d'affaires. Vous perdez le temps. Je n'en ferai rien. Cela est résolu.

GÉRONTE.

Ah! quelle impétuosité de paroles! Il n'y a pas moyen d'y résister. (*à Sganarelle.*) Monsieur, je vous prie de la faire redevenir muette.

ACTE III, SCENE VI.

SGANARELLE.

C'est une chose qui m'est impossible. Tout ce que je puis faire pour votre service est de vous rendre sourd, si vous voulez.

GÉRONTE.

Je vous remercie. (à *Lucinde*.) Penses-tu donc...

LUCINDE.

Non, toutes vos raisons ne gagneront rien sur mon ame.

GÉRONTE.

Tu épouseras Horace dès ce soir.

LUCINDE.

J'épouserai plutôt la mort.

SGANARELLE, *à Géronte*.

Mon Dieu! arrêtez-vous, laissez-moi médicamenter cette affaire; c'est une maladie qui la tient, et je sais le remède qu'il faut y apporter.

GÉRONTE.

Serait-il possible, monsieur, que vous pussiez aussi guérir cette maladie d'esprit?

SGANARELLE.

Oui; laissez-moi faire, j'ai des remèdes pour tout; et notre apothicaire nous servira pour cette cure. (à *Léandre*.) Un mot. Vous voyez que l'ardeur qu'elle a pour ce Léandre est tout à fait contraire aux volontés du père; qu'il n'y a point de temps à perdre; que les humeurs sont fort aigries; et qu'il est nécessaire de trouver promptement un remède à ce mal, qui pourrait empirer par le retardement. Pour moi, je n'y en vois qu'un seul, qui est une prise de fuite purgative, que vous mêlerez comme il faut avec deux dragmes de matrimonium en pilules. Peut-être fera-t-elle quelque difficulté à prendre ce remède; mais comme vous êtes habile homme dans votre métier, c'est à vous de l'y résoudre, et de lui faire avaler la chose du mieux que vous pourrez. Allez-vous-en lui faire faire un petit tour de jardin, afin de préparer les humeurs, tandis que j'entretiendrai ici son père; mais surtout ne perdez point de temps. Au remède, vite! au remède spécifique!

SCÈNE VII.

GÉRONTE, SGANARELLE.

GÉRONTE.

Quelles drogues, monsieur, sont celles que vous venez de dire? Il me semble que je ne les ai jamais ouï nommer.

SGANARELLE.

Ce sont drogues dont on se sert dans les nécessités urgentes.

GÉRONTE.

Avez-vous jamais vu une insolence pareille à la sienne!

SGANARELLE.

Les filles sont quelquefois un peu têtues.

GÉRONTE.

Vous ne sauriez croire comme elle est affolée de ce Léandre.

SGANARELLE.

La chaleur du sang fait cela dans les jeunes esprits.

GÉRONTE.

Pour moi, dès que j'ai eu découvert la violence de cet amour, j'ai su tenir ma fille renfermée.

SGANARELLE.

Vous avez fait sagement.

GÉRONTE.

Et j'ai bien empêché qu'ils n'aient eu communication ensemble.

SGANARELLE.

Fort bien.

GÉRONTE.

Il serait arrivé quelque folie, si j'avais souffert qu'ils se fussent vus.

SGANARELLE.

Sans doute.

GÉRONTE.

Et je crois qu'elle aurait été fille à s'en aller avec lui.

ACTE III, SCENE IX.

SGANARELLE.

C'est prudemment raisonner.

GÉRONTE.

On m'avertit qu'il fait tous ses efforts pour lui parler.

SGANARELLE.

Quel drôle!

GÉRONTE.

Mais il perdra son temps.

SGANARELLE.

Ah! ah!

GÉRONTE.

Et j'empêcherai bien qu'il ne la voie.

SGANARELLE.

Il n'a pas affaire à un sot, et vous savez des rubriques qu'il ne sait pas. Plus fin que vous n'est pas bête.

SCENE VIII.

LUCAS, GÉRONTE, SGANARELLE.

LUCAS.

Ah! palsanguienne, monsieu, vaici bian du tintamare; votre fille s'en est enfuie avec son Liandre. C'était lui qui était l'apothicaire; et v'là monsieu le médecin qui a fait cette belle opération là.

GÉRONTE.

Comment! m'assassiner de la façon! Allons, un commissaire; et qu'on empêche qu'il ne sorte. Ah! traître, je vous ferai punir par la justice.

LUCAS.

Ah! par ma fi, monsieu le médecin, vous serez pendu: ne bougez de là seulement.

SCENE IX.

MARTINE, SGANARELLE, LUCAS.

MARTINE, *à Lucas.*

Ah! mon Dieu! que j'ai eu de peine à trouver ce logis! Dites-moi un peu des nouvelles du médecin que je vous ai donné.

LUCAS.

Le v'là qui va être pendu.

MARTINE.

Quoi! mon mari pendu! Hélas! et qu'a-t-il fait pour cela?

LUCAS.

Il a fait enlever la fille de notre maître.

MARTINE.

Quoi! mon cher mari, est-il bien vrai qu'on te va pendre?

SGANARELLE.

Tu vois. Ah!

MARTINE.

Faut-il que tu te laisses mourir en présence de tant de gens!

SGANARELLE.

Que veux-tu que j'y fasse?

MARTINE.

Encore, si tu avais achevé de couper notre bois, je prendrais quelque consolation.

SGANARELLE.

Retire-toi de là, tu me fends le cœur!

MARTINE.

Non, je veux demeurer pour t'encourager à la mort; et je ne te quitterai point que je ne t'aie vu pendu.

SGANARELLE.

Ah!

SCENE X.

GÉRONTE, SGANARELLE, MARTINE.

GÉRONTE, *à Sganarelle*.

Le commissaire viendra bientôt, et l'on s'en va vous mettre en lieu où l'on me répondra de vous.

SGANARELLE, *à genoux*.

Hélas! cela ne se peut-il point changer en quelques coups de bâton!

GÉRONTE.

Non, non; la justice en ordonnera. Mais que vois-je?

SCENE XI.

GÉRONTE, LÉANDRE, LUCINDE, SGANARELLE, LUCAS, MARTINE.

LÉANDRE.

Monsieur, je viens faire paraître Léandre à vos yeux, et remettre Lucinde en votre pouvoir. Nous avons eu dessein de prendre la fuite nous deux, et de nous aller marier ensemble; mais cette entreprise a fait place à un procédé plus honnête. Je ne prétends point vous voler votre fille, et ce n'est que de votre main que je veux la recevoir. Ce que je vous dirai, monsieur, c'est que je viens, tout à l'heure, de recevoir des lettres par où j'apprends que mon oncle est mort, et que je suis héritier de tous ses biens.

GÉRONTE.

Monsieur, votre vertu m'est tout à fait considérable; et je vous donne ma fille avec la plus grande joie du monde.

SGANARELLE, *à part*.

La médecine l'a échappé belle!

MARTINE.

Puisque tu ne seras point pendu, rends-moi grace d'être médecin, car c'est moi qui t'ai procuré cet honneur.

SGANARELLE.

Oui, c'est toi qui m'as procuré je ne sais combien de coups de bâton.

LÉANDRE, *à Sganarelle*.

L'effet en est trop beau pour en garder du ressentiment.

SGANARELLE.

Soit. (*à Martine.*) Je te pardonne ces coups de bâton en faveur de la dignité où tu m'as élevé: mais prépare-toi désormais à vivre dans un grand respect avec un homme de ma conséquence; et songe que la colère d'un médecin est plus à craindre qu'on ne peut croire.

FIN DU MÉDECIN MALGRÉ LUI.

MÉLICERTE,

PASTORALE HÉROÏQUE EN DEUX ACTES.

1666.

PERSONNAGES.

MÉLICERTE, bergère.
DAPHNÉ, bergère.
EROXÈNE, bergère.
MYRTIL, amant de Mélicerte.
ACANTHE, amant de Daphné.
TYRÈNE, amant d'Éroxène.
LYCARSIS, pâtre, cru père de Myrtil.
CORINNE, confidente de Mélicerte.
NICANDRE, berger.
MOPSE, berger, cru oncle de Mélicerte.

La scène est en Thessalie, dans la vallée de Tempé.

MÉLICERTE.

ACTE PREMIER.

SCÈNE PREMIÈRE.

DAPHNÉ, ÉROXÈNE, ACANTHE, TYRÈNE.

ACANTHE.
Ah! charmante Daphné!
TYRÈNE.
Trop aimable Eroxène!
DAPHNÉ.
Acanthe, laisse-moi.
EROXÈNE.
Ne me suis point, Tyrène.
ACANTHE, *à Daphné.*
Pourquoi me chasses-tu?
TYRÈNE, *à Eroxène.*
Pourquoi fuis-tu mes pas?
DAPHNÉ, *à Acanthe.*
Tu me plais loin de moi.
ÉROXÈNE, *à Tyrène.*
Je t'aime où tu n'es pas.
ACANTHE.
Ne cesseras-tu point cette rigueur mortelle?
TYRÈNE.
Ne cesseras-tu point de m'être si cruelle?
DAPHNÉ.
Ne cesseras-tu point tes inutiles vœux?
ÉROXÈNE.
Ne cesseras-tu point de m'être si fâcheux?

ACANTHE.
Si tu n'en prends pitié, je succombe à ma peine.
TYRÈNE.
Si tu ne me secours, ma mort est trop certaine.
DAPHNÉ.
Si tu ne veux partir, je vais quitter ce lieu.
ÉROXÈNE.
Si tu veux demeurer, je te vais dire adieu.
ACANTHE.
Hé bien! en m'éloignant, je te vais satisfaire.
TYRÈNE.
Mon départ va t'ôter ce qui peut te déplaire.
ACANTHE.
Généreuse Éroxène, en faveur de mes feux,
Daigne au moins, par pitié, lui dire un mot ou deux.
TYRÈNE.
Obligeante Daphné, parle à cette inhumaine,
Et sache d'où, pour moi, procède tant de haine.

SCÈNE II.

DAPHNÉ, ÉROXÈNE.

ÉROXÈNE.
Acanthe a du mérite, et t'aime tendrement;
D'où vient que tu lui fais un si dur traitement?
DAPHNÉ.
Tyrène vaut beaucoup, et languit pour tes charmes;
D'où vient que sans pitié tu vois couler ses larmes.
ÉROXÈNE.
Puisque j'ai fait ici la demande avant toi,
La raison te condamne à répondre avant moi.
DAPHNÉ.
Pour tous les soins d'Acanthe on me voit inflexible,
Parce qu'à d'autres vœux je me trouve sensible.
ÉROXÈNE.
Je ne fais, pour Tyrène, éclater que rigueur,
Parce qu'un autre choix est maître de mon cœur.
DAPHNÉ.
Puis-je savoir de toi ce choix qu'on te voit taire?

ACTE I, SCENE II.

ÉROXÈNE.
Oui, si tu veux du tien m'apprendre le mystère.
DAPHNÉ.
Sans te nommer celui qu'amour m'a fait choisir,
Je puis facilement contenter ton désir ;
Et de la main d'Atis, ce peintre inimitable,
J'en garde, dans ma poche, un portrait admirable,
Qui jusqu'au moindre trait lui ressemble si fort,
Qu'il est sûr que tes yeux le connaîtront d'abord.
ÉROXÈNE.
Je puis te contenter par une même voie,
Et payer ton secret en pareille monnoie.
J'ai de la main aussi de ce peintre fameux
Un aimable portrait de l'objet de mes vœux ;
Si plein de tous ses traits et de sa grace extrême,
Que tu pourras d'abord te le nommer toi-même.
DAPHNÉ.
La boîte que le peintre a fait faire pour moi
Est tout à fait semblable à celle que je voi.
ÉROXÈNE.
Il est vrai, l'une à l'autre entièrement ressemble;
Et certe il faut qu'Atis les ait fait faire ensemble.
DAPHNÉ.
Faisons en même temps, par un peu de couleurs,
Confidence à nos yeux du secret de nos cœurs.
ÉROXÈNE.
Voyons à qui plus vite entendra ce langage,
Et qui parle le mieux, de l'un ou l'autre ouvrage.
DAPHNÉ.
La méprise est plaisante, et tu te brouilles bien ;
Au lieu de ton portrait, tu m'as rendu le mien.
ÉROXÈNE.
Il est vrai; je ne sais comme j'ai fait la chose.
DAPHNÉ.
Donne. De cette erreur, ta rêverie est cause.
ÉROXÈNE.
Que veut dire ceci? Nous nous jouons, je croi :
Tu fais de ces portraits même chose que moi.
DAPHNÉ.
Certes, c'est pour en rire, et tu peux me le rendre.

ÉROXÈNE, *mettant les deux portraits l'un à côté de l'autre.*
Voici le vrai moyen de ne se point méprendre.
DAPHNÉ.
De mes sens prévenus est-ce une illusion?
ÉROXÈNE.
Mon ame sur mes yeux fait-elle impression?
DAPHNÉ.
Myrtil à mes regards s'offre dans cet ouvrage.
ÉROXÈNE.
De Myrtil dans ces traits je rencontre l'image.
DAPHNÉ.
C'est le jeune Myrtil qui fait naître mes feux.
ÉROXÈNE.
C'est au jeune Myrtil que tendent tous mes vœux.
DAPHNÉ.
Je venais aujourd'hui te prier de lui dire
Les soins que pour son sort son mérite m'inspire.
ÉROXÈNE.
Je venais te chercher pour servir mon ardeur
Dans le dessein que j'ai de m'assurer son cœur.
DAPHNÉ.
Cette ardeur qu'il t'inspire est-elle si puissante?
ÉROXÈNE.
L'aimes-tu d'une amour qui soit si violente?
DAPHNÉ.
Il n'est point de froideur qu'il ne puisse enflammer,
Et sa grace naissante a de quoi tout charmer.
ÉROXÈNE.
Il n'est nymphe en l'aimant qui ne se tînt heureuse;
Et Diane, sans honte, en serait amoureuse.
DAPHNÉ.
Rien que son air charmant ne me touche aujourd'hui,
Et si j'avais cent cœurs, ils seraient tous pour lui.
ÉROXÈNE.
Il efface à mes yeux tout ce qu'on voit paraître;
Et si j'avais un sceptre, il en serait le maître.
DAPHNÉ.
Ce serait donc en vain qu'à chacune, en ce jour,
On nous voudrait du sein arracher cet amour :

Nos ames dans leurs vœux sont trop bien affermies.
Ne tâchons, s'il se peut, qu'à demeurer amies ;
Et puisque en même temps, pour le même sujet,
Nous avons toutes deux formé même projet,
Mettons dans ce débat la franchise en usage,
Ne prenons l'une et l'autre aucun lâche avantage,
Et courons nous ouvrir ensemble à Lycarsis
Des tendres sentiments où nous jette son fils.

ÉROXÈNE.

J'ai peine à concevoir, tant la surprise est forte,
Comme un tel fils est né d'un père de la sorte ;
Et sa taille, son air, sa parole et ses yeux,
Feraient croire qu'il est issu du sang des dieux.
Mais enfin j'y souscris, courons trouver ce père,
Allons lui de nos cœurs découvrir le mystère ;
Et consentons qu'après, Myrtil entre nous deux
Décide par son choix ce combat de nos vœux.

DAPHNÉ.

Soit. Je vois Lycarsis avec Mopse et Nicandre.
Ils pourront le quitter, cachons-nous pour attendre.

SCENE III.

LYCARSIS, MOPSE, NICANDRE.

NICANDRE, *à Lycarsis.*

Dis-nous donc ta nouvelle.

LYCARSIS.

Ah ! que vous me pressez !
Cela ne se dit pas comme vous le pensez.

MOPSE.

Que de sottes façons, et que de badinage !
Ménalque pour chanter n'en fait pas davantage.

LYCARSIS.

Parmi les curieux des affaires d'état,
Une nouvelle à dire est d'un puissant éclat.
Je me veux mettre un peu sur l'homme d'importance,
Et jouir quelque temps de votre impatience.

NICANDRE.

Veux-tu par tes délais nous fatiguer tous deux ?

MOPSE.
Prends-tu quelque plaisir à te rendre fâcheux?
NICANDRE.
De grâce, parle, et mets ces mines en arrière.
LYCARSIS.
Priez-moi donc tous deux de la bonne manière,
Et me dites chacun quel don vous me ferez
Pour obtenir de moi ce que vous désirez.
MOPSE.
La peste soit du fat! Laissons-le là, Nicandre;
Il brûle de parler, bien plus que nous d'entendre.
Sa nouvelle lui pèse, il veut s'en décharger;
Et ne l'écouter pas est le faire enrager.
LYCARSIS.
Hé!
NICANDRE.
Te voilà puni de tes façons de faire.
LYCARSIS.
Je m'en vais vous le dire, écoutez.
MOPSE.
Point d'affaire.
LYCARSIS.
Quoi! vous ne voulez pas m'entendre?
NICANDRE.
Non.
LYCARSIS.
Hé bien!
Je ne dirai donc mot, et vous ne saurez rien.
MOPSE.
Soit.
LYCARSIS.
Vous ne saurez pas qu'avec magnificence
Le roi vient honorer Tempé de sa présence;
Qu'il entra dans Larisse hier sur le haut du jour;
Qu'à l'aise je l'y vis avec toute sa cour;
Que ces bois vont jouir aujourd'hui de sa vue,
Et qu'on raisonne fort touchant cette venue.
NICANDRE.
Nous n'avons pas envie aussi de rien savoir.

LYCARSIS.

Je vis cent choses là, ravissantes à voir :
Ce ne sont que seigneurs, qui, des pieds à la tête,
Sont brillants et parés comme au jour d'une fête;
Ils surprennent la vue ; et nos prés au printemps,
Avec toutes leurs fleurs, sont bien moins éclatants.
Pour le prince, entre tous sans peine on le remarque,
Et d'une stade loin il sent son grand monarque :
Dans toute sa personne il a je ne sais quoi
Qui d'abord fait juger que c'est un maître roi.
Il le fait d'une grace à nulle autre seconde ;
Et cela, sans mentir, lui sied le mieux du monde.
On ne croirait jamais comme de toutes parts
Toute sa cour s'empresse à chercher ses regards :
Ce sont autour de lui confusions plaisantes;
Et l'on dirait d'un tas de mouches reluisantes
Qui suivent en tous lieux un doux rayon de miel,
Enfin l'on ne voit rien de si beau sous le ciel ;
Et la fête de Pan, parmi nous si chérie,
Auprès de ce spectacle est une gueuserie.
Mais puisque sur le fier vous vous tenez si bien,
Je garde ma nouvelle et ne veux dire rien.

MOPSE.
Et nous ne te voulons aucunement entendre.

LYCARSIS.
Allez vous promener.

MOPSE.
Va-t'en te faire pendre.

SCENE IV.

ÉROXÈNE, DAPHNÉ, LYCARSIS.

LYCARSIS, *se croyant seul.*

C'est de cette façon que l'on punit les gens,
Quand ils font les benêts et les impertinents.

DAPHNÉ.
Le ciel tienne, pasteur, vos brebis toujours saines !

ÉROXÈNE.
Cérès tienne de grains vos granges toujours pleines !

LYCARSIS.
Et le grand Pan vous donne à chacune un époux
Qui vous aime beaucoup, et soit digne de vous!
DAPHNÉ.
Ah! Lycarsis, nos vœux à même but aspirent.
EROXÈNE. [rent.
C'est pour le même objet que nos deux cœurs soupi-
DAPHNÉ.
Et l'Amour, cet enfant qui cause nos langueurs,
A pris chez vous le trait dont il blesse nos cœurs.
EROXÈNE.
Et nous venons ici chercher votre alliance,
Et voir qui de nous deux aura la préférence.
LYCARSIS.
Nymphes ..
DAPHNÉ.
Pour ce bien seul nous poussons des soupirs.
LYCARSIS.
Je suis.
EROXÈNE.
A ce bonheur tendent tous nos désirs.
DAPHNÉ.
C'est un peu librement exprimer sa pensée.
LYCARSIS.
Pourquoi?
EROXÈNE.
La bienséance y semble un peu blessée.
LYCARSIS.
Ah! point.
DAPHNÉ.
Mais quand le cœur brûle d'un noble feu,
On peut, sans nulle honte, en faire un libre aveu.
LYCARSIS.
Je...
EROXÈNE.
Cette liberté nous peut être permise,
Et du choix de nos cœurs la beauté l'autorise.
LYCARSIS.
C'est blesser ma pudeur que me flatter ainsi.

ACTE I, SCENE IV.

ÉROXÈNE.
Non, non, n'affectez point de modestie ici.
DAPHNÉ.
Enfin, tout notre bien est en votre puissance.
ÉROXÈNE.
C'est de vous que dépend notre unique espérance.
DAPHNÉ.
Trouverons-nous en vous quelques difficultés?
LYCARSIS.
Ah!
ÉROXÈNE.
Nos vœux, dites-moi, seront-ils rejetés?
LYCARSIS.
Non, j'ai reçu du ciel une ame peu cruelle :
Je tiens de feu ma femme; et je me sens, comme elle,
Pour les désirs d'autrui beaucoup d'humanité,
Et je ne suis point homme à garder de fierté.
DAPHNÉ.
Accordez donc Myrtil à notre amoureux zèle.
ÉROXÈNE.
Et souffrez que son choix regle notre querelle.
LYCARSIS.
Myrtil!
DAPHNÉ.
Oui, c'est Myrtil que de vous nous voulons.
ÉROXÈNE.
De qui pensez-vous donc qu'ici nous vous parlons?
LYCARSIS.
Je ne sais; mais Myrtil n'est guère dans un âge
Qui soit propre à ranger au joug du mariage.
DAPHNÉ.
Son mérite naissant peut frapper d'autres yeux ;
Et l'on veut s'engager un bien si précieux,
Prevenir d'autres cœurs, et braver la fortune
Sous les fermes liens d'une chaine commune.
ÉROXÈNE.
Comme par son esprit et ses autres brillants
Il rompt l'ordre commun, et devance le temps,
Notre flamme pour lui veut en faire de même,
Et régler tous ses vœux sur son mérite extrême.

LYCARSIS.

Il est vrai qu'à son âge il surprend quelquefois ;
Et cet Athénien qui fut chez moi vingt mois,
Qui, le trouvant joli, se mit en fantaisie
De lui remplir l'esprit de sa philosophie,
Sur de certains discours l'a rendu si profond,
Que, tout grand que je suis, souvent il me confond.
Mais, avec tout cela, ce n'est encor qu'enfance,
Et son fait est mêlé de beaucoup d'innocence.

DAPHNÉ.

Il n'est point tant enfant, qu'à le voir chaque jour
Je ne le croie atteint déjà d'un peu d'amour ;
Et plus d'une aventure à mes yeux s'est offerte,
Où j'ai connu qu'il suit la jeune Mélicerte.

ÉROXÈNE.

Ils pourraient bien s'aimer, et je vois...

LYCARSIS.

Franc abus.
Pour elle passe encore, elle a deux ans de plus ;
Et deux ans dans son sexe, est une grande avance.
Mais pour lui, le jeu seul l'occupe tout, je pense,
Et les petits désirs de se voir ajusté
Ainsi que les bergers de haute qualité.

DAPHNÉ.

Enfin, nous désirons par le nœud d'hyménée
Attacher sa fortune à notre destinée.

ÉROXÈNE.

Nous voulons l'une et l'autre, avec pareille ardeur,
Nous assurer de loin l'empire de son cœur.

LYCARSIS.

Je m'en tiens honoré plus qu'on ne saurait croire.
Je suis un pauvre pâtre, et ce m'est trop de gloire
Que deux nymphes d'un rang le plus haut du pays
Disputent à se faire un époux de mon fils.
Puisqu'il vous plaît qu'ainsi la chose s'exécute,
Je consens que son choix règle votre dispute ;
Et celle qu'à l'écart laissera cet arrêt
Pourra pour son recours m'épouser, s'il lui plaît.
C'est toujours même sang, et presque même chose.
Mais le voici. Souffrez qu'un peu je le dispose.

Il tient quelque moineau qu'il a pris franchement :
Et voilà ses amours et son attachement.

SCENE V.

ÉROXÈNE, DAPHNÉ ET LYCARSIS, *dans le fond du théatre;* MYRTIL.

MYRTIL, *se croyant seul, et tenant un moineau dans une cage.*

Innocente petite bête,
Qui contre ce qui vous arrête
Vous débattez tant à mes yeux,
De votre liberté ne plaignez point la perte :
Votre destin est glorieux,
Je vous ai pris pour Mélicerte;
Elle vous baisera vous prenant dans sa main,
Et de vous mettre en son sein
Elle vous fera la grace.
Est-il un sort au monde et plus doux et plus beau?
Et qui des rois, hélas! heureux petit moineau,
Ne voudrait être en votre place?

LYCARSIS.

Myrtil! Myrtil! un mot. Laissons là ces joyaux,
Il s'agit d'autre chose ici que de moineaux.
Ces deux nymphes, Myrtil, à la fois te prétendent,
Et tout jeune déjà pour époux te demandent;
Je dois par un hymen t'engager à leurs vœux,
Et c'est toi que l'on veut qui choisisses des deux.

MYRTIL.

Ces nymphes?

LUCARSIS.

Oui. Des deux tu peux en choisir une.
Vois quel est ton bonheur, et bénis la fortune.

MYRTIL.

Ce choix qui m'est offert peut-il m'être un bonheur,
S'il n'est aucunement souhaité de mon cœur?

LYCARSIS.

Enfin, qu'on le reçoive; et que, sans se confondre,
A l'honneur qu'elles font on songe à bien répondre.

MÉLICERTE.
ÉROXÈNE.
Malgré cette fierté qui règne parmi nous,
Deux nymphes, ô Myrtil, viennent s'offrir à vous;
Et de vos qualités les merveilles écloses
Font que nous renversons ici l'ordre des choses.
DAPHNÉ.
Nous vous laissons, Myrtil, pour l'avis le meilleur,
Consulter sur ce choix vos yeux et votre cœur;
Et nous n'en voulons point prévenir les suffrages
Par un récit paré de tous nos avantages.
MYRTIL.
C'est me faire un honneur dont l'éclat me surprend;
Mais cet honneur pour moi, je l'avoue, est trop grand.
A vos rares bontés il faut que je m'oppose :
Pour mériter ce sort, je suis trop peu de chose;
Et je serais fâché, quels qu'en soient les appas,
Qu'on vous blâmât pour moi de faire un choix trop bas.
ÉROXÈNE.
Contentez nos désirs, quoi qu'on en puisse croire;
Et ne vous chargez point du soin de notre gloire.
DAPHNÉ.
Non, ne descendez point dans ces humilités,
Et laissez-nous juger ce que vous méritez.
MYRTIL.
Le choix qui m'est offert, s'oppose à votre attente,
Et peut seul empêcher que mon cœur vous contente.
Le moyen de choisir de deux grandes beautés,
Égales en naissance et rares qualités !
Rejeter l'une ou l'autre est un crime effroyable,
Et n'en choisir aucune est bien plus raisonnable.
ÉROXÈNE.
Mais en faisant refus de répondre à nos vœux,
Au lieu d'une, Myrtil, vous en outragez deux.
DAPHNÉ.
Puisque nous consentons à l'arrêt qu'on peut rendre,
Ces raisons ne font rien à vouloir s'en défendre.
MYRTIL.
Hé bien! si ces raisons ne vous satisfont pas,
Celle-ci le fera : J'aime d'autres appas;

Et je sens bien qu'un cœur, qu'un bel objet engage,
Est insensible et sourd à tout autre avantage.
LYCARSIS.
Comment donc! Qu'est ceci? Qui l'eût pu présumer?
Et savez-vous, morveux, ce que c'est que d'aimer?
MYRTIL.
Sans savoir ce que c'est, mon cœur a su le faire.
LYCARSIS.
Mais cet amour me choque, et n'est pas nécessaire.
MYRTIL.
Vous ne deviez donc pas, si cela vous déplaît,
Me faire un cœur sensible et tendre comme il est.
LYCARSIS.
Mais ce cœur que j'ai fait, me doit obéissance.
MYRTIL.
Oui, lorsque d'obéir il est en sa puissance.
LYCARSIS.
Mais enfin, sans mon ordre, il ne doit point aimer.
MYRTIL.
Que n'empêchiez-vous donc que l'on pût le charmer?
LYCARSIS.
Hé bien! je vous défends que cela continue.
MYRTIL.
La défense, j'ai peur, sera trop tard venue.
LYCARSIS.
Quoi! les pères n'ont pas des droits supérieurs?
MYRTIL.
Les dieux qui sont bien plus, ne forcent point les
[cœurs.
LYCARSIS.
Les dieux... Paix, petit sot. Cette philosophie
Me...
DAPHNÉ.
Ne vous mettez point en courroux, je vous prie.
LYCARSIS.
Non, je veux qu'il se donne à l'une pour époux,
Ou je vais lui donner le fouet tout devant vous.
Ah! ah! je vous ferai sentir que je suis père.
DAPHNÉ.
Traitons, de grace, ici les choses sans colère.

ÉROXÈNE.

Peut-on savoir de vous cet objet si charmant,
Dont la beauté, Myrtil, vous a fait son amant?

MYRTIL.

Mélicerte, madame. Elle en peut faire d'autres.

ÉROXÈNE.

Vous comparez, Myrtil, ses qualités aux nôtres?

DAPHNÉ.

Le choix d'elle et de nous est assez inégal.

MYRTIL.

Nymphes, au nom des dieux, n'en dites point de mal:
Daignez considérer, de grace, que je l'aime;
Et ne me jetez point dans un désordre extrême.
Si j'outrage, en l'aimant, vos célestes attraits,
Elle n'a point de part au crime que je fais;
C'est de moi, s'il vous plaît, que vient toute l'offense.
Il est vrai, d'elle à vous je sais la différence:
Mais par sa destinée on se trouve enchaîné;
Et je sens bien enfin que le ciel m'a donné
Pour vous tout le respect, nymphes, imaginable,
Pour elle tout l'amour dont une ame est capable.
Je vois à la rougeur qui vient de vous saisir,
Que ce que je vous dis ne vous fait pas plaisir.
Si vous parlez, mon cœur appréhende d'entendre
Ce qui peut le blesser par l'endroit le plus tendre;
Et, pour me dérober à de semblables coups,
Nymphes, j'aime bien mieux prendre congé de vous.

LYCARSIS.

Myrtil! holà, Myrtil! Veux-tu revenir, traître?
Il fuit; mais on verra qui de nous est le maître.
Ne vous effrayez point de tous ces vains transports,
Vous l'aurez pour époux, j'en réponds corps pour corps.

FIN DU PREMIER ACTE.

ACTE II.

SCÈNE PREMIÈRE.
MÉLICERTE, CORINNE.

MÉLICERTE.
Ah! Corinne, tu viens de l'apprendre de Stelle,
Et c'est de Lycarsis qu'elle tient la nouvelle?

CORINNE.
Oui.

MÉLICERTE.
Que les qualités dont Myrtil est orné,
Ont su toucher d'amour Éroxène et Daphné?

CORINNE.
Oui.

MÉLICERTE.
Que pour l'obtenir leur ardeur est si grande,
Qu'ensemble elles en ont déjà fait la demande?
Et que, dans ce débat, elles ont fait dessein
De passer, dès cette heure, à recevoir sa main?
Ah! que tes mots ont peine à sortir de ta bouche!
Et que c'est faiblement que mon souci te touche!

CORINNE.
Mais quoi! Que voulez-vous? C'est là la vérité,
Et vous redites tout comme je l'ai conté.

MÉLICERTE.
Mais comment Lycarsis reçoit-il cette affaire?

CORINNE. [plaire.
Comme un honneur, je crois, qui doit beaucoup lui

MÉLICERTE.
Et ne vois-tu pas bien, toi qui sais mon ardeur,
Qu'avec ces mots, hélas! tu me perces le cœur?

CORINNE.
Comment?

MÉLICERTE.
Me mettre aux yeux que le sort implacable
Auprès d'elles me rend trop peu considérable,

Et qu'à moi, par leur rang, on les va préférer,
N'est-ce pas une idée à me désespérer?
CORINNE.
Mais quoi! je vous réponds, et dis ce que je pense.
MÉLICERTE.
Ah! tu me fais mourir par ton indifférence.
Mais dis, quels sentiments Myrtil a-t-il fait voir?
CORINNE.
Je ne sais.
MÉLICERTE.
Et c'est là ce qu'il fallait savoir,
Cruelle!
CORINNE.
En vérité, je ne sais comment faire;
Et, de tous les côtés, je trouve à vous déplaire.
MÉLICERTE.
C'est que tu n'entres point dans tous les mouvements
D'un cœur, hélas! rempli de tendres sentiments.
Va-t'en, laisse-moi seule en cette solitude,
Passer quelques moments de mon inquiétude.

SCÈNE II.

MÉLICERTE, seule.

Vous le voyez, mon cœur, ce que c'est que d'aimer,
Et Bélise avait su trop bien m'en informer.
Cette charmante mère, avant sa destinée,
Me disait une fois, sur le bord du Pénée :
« Ma fille, songe à toi; l'amour aux jeunes cœurs
« Se présente toujours entouré de douceurs.
« D'abord il n'offre aux yeux que choses agréables;
« Mais il traîne après lui des troubles effroyables :
« Et, si tu veux passer tes jours dans quelque paix,
« Toujours comme d'un mal défends-toi de ses traits.
De ses leçons, mon cœur, je m'étais souvenue;
Et quand Myrtil venait à s'offrir à ma vue,
Qu'il jouait avec moi, qu'il me rendait des soins,
Je vous disais toujours de vous y plaire moins.
Vous ne me crûtes point, et votre complaisance
Se vit bientôt changée en trop de bienveillance.

Dans ce naissant amour, qui flattait vos désirs,
Vous ne vous figuriez que joie et que plaisirs;
Cependant vous voyez la cruelle disgrace,
Dont en ce triste jour le destin vous menace,
Et la peine mortelle où vous voilà réduit.
Ah! mon cœur! ah! mon cœur! je vous l'avais bien dit.
Mais tenons, s'il se peut, notre douleur couverte.
Voici...

SCÈNE III.
MYRTIL, MÉLICERTE.

MYRTIL.

J'ai fait tantôt, charmante Mélicerte,
Un petit prisonnier que je garde pour vous,
Et dont peut-être un jour je deviendrai jaloux.
C'est un jeune moineau, qu'avec un soin extrême,
Je veux, pour vous l'offrir, apprivoiser moi-même.
Le présent n'est pas grand; mais les divinités
Ne jettent leurs regards que sur les volontés.
C'est le cœur qui fait tout; et jamais la richesse,
Des présents que... Mais, ciel! d'où vient cette tristesse?
Qu'avez-vous, Mélicerte, et quel sombre chagrin
Se voit dans vos beaux yeux répandu ce matin?
Vous ne répondez point, et ce morne silence
Redouble encor ma peine et mon impatience.
Parlez. De quel ennui ressentez-vous les coups?
Qu'est-ce donc?

MÉLICERTE.
Ce n'est rien.

MYRTIL.
Ce n'est rien, dites-vous?
Et je vois cependant vos yeux couverts de larmes.
Cela s'accorde-t-il, beauté pleine de charmes?
Ah! ne me faites point un secret dont je meurs,
Et m'expliquez, hélas! ce que disent ces pleurs.

MÉLICERTE.
Rien ne me servirait de vous le faire entendre.

MYRTIL.
Devez-vous rien avoir que je ne doive apprendre?
Et ne blessez-vous pas notre amour aujourd'hui,
De vouloir me voler la part de votre ennui?

Ah! ne le cachez point à l'ardeur qui m'inspire.
MÉLICERTE.

Hé bien! Myrtil, hé bien! il faut donc vous le dire.
J'ai su que, par un choix plein de gloire pour vous,
Eroxène et Daphné vous veulent pour époux;
Et je vous avouerai que j'ai cette faiblesse,
De n'avoir pu, Myrtil, le savoir sans tristesse,
Sans accuser du sort la rigoureuse loi,
Qui les rend dans leurs vœux préférables à moi.

MYRTIL.

Et vous pouvez l'avoir cette injuste tristesse!
Vous pouvez soupçonner mon amour de faiblesse,
Et croire qu'engagé par des charmes si doux,
Je puisse être jamais à quelque autre qu'à vous!
Que je puisse accepter une autre main offerte!
Hé! que vous ai-je fait, cruelle Mélicerte,
Pour traiter ma tendresse avec tant de rigueur,
Et faire un jugement si mauvais de mon cœur?
Quoi! faut-il que de lui vous ayez quelque crainte!
Je suis bien malheureux de souffrir cette atteinte;
Et que me sert d'aimer comme je fais, hélas!
Si vous êtes si prête à ne le croire pas?

MÉLICERTE.

Je pourrais moins, Myrtil, redouter ces rivales,
Si les choses étaient de part et d'autre égales;
Et, dans un rang pareil, j'oserais espérer
Que peut-être l'amour me ferait préférer;
Mais l'inégalité de bien et de naissance,
Qui peut, d'elles à moi, faire la différence...

MYRTIL.

Ah! leur rang de mon cœur ne viendra point à bout;
Et vos divins appas me tiennent lieu de tout.
Je vous aime, il suffit; et, dans votre personne
Je vois rang, biens, trésors, états, sceptre, couronne
Et des rois les plus grands m'offrît-on le pouvoir,
Je n'y changerais pas le bien de vous avoir.
C'est une vérité toute sincère et pure;
Et pouvoir en douter est me faire une injure.

ACTE II, SCÈNE III.

MÉLICERTE.

Hé bien! je crois Myrtil, puisque vous le voulez,
Que vos vœux par leur rang ne sont point ébranlés,
Et que, bien qu'elles soient nobles, riches et belles,
Votre cœur m'aime assez pour me mieux aimer qu'elles;
Mais ce n'est pas l'amour dont vous suivez la voix;
Votre père, Myrtil, règlera votre choix;
Et, de même qu'à vous, je ne lui suis pas chère,
Pour préférer à tout une simple bergère.

MYRTIL.

Non, chère Mélicerte, il n'est père ni dieux
Qui me puissent forcer à quitter vos beaux yeux;
Et toujours de mes vœux reine comme vous êtes...

MÉLICERTE.

Ah! Myrtil, prenez garde à ce qu'ici vous faites:
N'allez point présenter un espoir à mon cœur,
Qu'il recevrait peut-être avec trop de douceur,
Et qui, tombant après comme un éclair qui passe,
Me rendrait plus cruel le coup de ma disgrace.

MYRTIL.

Quoi! faut-il des serments appeler le secours,
Lorsque l'on vous promet de vous aimer toujours?
Que vous vous faites tort par de telles alarmes,
Et connaissez bien peu le pouvoir de vos charmes!
Hé bien! puisqu'il le faut, je jure par les dieux,
Et, si ce n'est assez, je jure par vos yeux,
Qu'on me tuera plutôt que je vous abandonne.
Recevez-en ici la foi que je vous donne;
Et souffrez que ma bouche, avec ravissement,
Sur cette belle main en signe le serment.

MÉLICERTE.

Ah! Myrtil, levez-vous, de peur qu'on ne nous voie.

MYRTIL.

Est-il rien...? Mais, ô ciel on vient troubler ma joie.

SCÈNE IV.

LYCARSIS, MYRTIL, MÉLICERTE.

LYCARSIS.

Ne vous contraignez pas pour moi.

MÉLICERTE, *à part.*
Quel sort fâcheux!

LYCARSIS.
Cela ne va pas mal, continuez tous deux.
Peste! mon petit fils, que vous avez l'air tendre,
Et qu'en maître déjà vous savez vous y prendre!
Vous a-t-il, ce savant qu'Athènes exila,
Dans sa philosophie appris ces choses-là?
Et vous qui lui donnez, de si douce manière,
Votre main à baiser, la gentille bergère,
L'honneur vous apprend-il ces mignardes douceurs
Par qui vous débauchez ainsi les jeunes cœurs?

MYRTIL.
Ah! quittez de ces mots l'outrageante bassesse,
Et ne m'accablez point d'un discours qui la blesse.

LYCARSIS.
Je veux lui parler, moi. Toutes ces amitiés...

MYRTIL.
Je ne souffrirai point que vous la maltraitiez.
A du respect pour vous la naissance m'engage;
Mais je saurai, sur moi, vous punir de l'outrage.
Oui, j'atteste le ciel que si, contre mes vœux,
Vous lui dites encor le moindre mot fâcheux,
Je vais avec ce fer, qui m'en fera justice,
Au milieu de mon sein vous chercher un supplice;
Et, par mon sang versé, lui marquer promptement
L'éclatant désaveu de votre emportement.

MÉLICERTE.
Non, non, ne croyez pas qu'avec art je l'enflamme,
Et que mon dessein soit de séduire son ame.
S'il s'attache à me voir, et me veut quelque bien,
C'est de son mouvement, je ne l'y force en rien.
Ce n'est pas que mon cœur veuille ici se défendre
De répondre à ses vœux d'une ardeur assez tendre;
Je l'aime, je l'avoue, autant qu'on puisse aimer:
Mais cet amour n'a rien qui vous doive alarmer;
Et pour vous arracher toute injuste créance,
Je vous promets ici d'éviter sa présence,
De faire place au choix où vous vous résoudrez,
Et ne souffrir ses vœux que quand vous le voudrez.

SCÈNE V.

LYCARSIS, MYRTIL.

MYRTIL.

Hé bien! vous triomphez avec cette retraite,
Et, dans ces mots, votre ame a ce qu'elle souhaite :
Mais apprenez qu'en vain vous vous réjouissez,
Que vous serez trompé dans ce que vous pensez,
Et qu'avec tous vos soins, toute votre puissance,
Vous ne gagnerez rien sur ma persévérance.

LYCARSIS.

Comment! à quel orgueil, fripon, vous vois-je aller?
Est-ce de la façon que l'on me doit parler?

MYRTIL.

Oui, j'ai tort, il est vrai; mon transport n'est pas sage;
Pour rentrer au devoir, je change de langage ;
Et je vous prie ici, mon père, au nom des dieux,
Et par tout ce qui peut vous être précieux,
De ne vous point servir, dans cette conjoncture,
Des fiers droits que sur moi vous donne la nature.
Ne m'empoisonnez point vos bienfaits les plus doux.
Le jour est un présent que j'ai reçu de vous;
Mais de quoi vous serai-je aujourd'hui redevable,
Si vous me l'allez rendre, hélas! insupportable?
Il est, sans Mélicerte, un supplice à mes yeux ;
Sans ses divins appas rien ne m'est précieux ;
Ils font tout mon bonheur et toute mon envie;
Et, si vous me l'ôtez, vous m'arrachez la vie.

LYCARSIS, *à part.*

Aux douleurs de son ame il me fait prendre part.
Qui l'aurait jamais cru de ce petit pendard? [âge!
Quel amour! quels transports! quels discours pour son
J'en suis confus, et sens que cet amour m'engage.

MYRTIL, *se jetant aux genoux de Lycarsis.*

Voyez, me voulez-vous ordonner de mourir?
Vous n'avez qu'à parler, je suis prêt d'obéir.

LYCARSIS, *à part.*

Je n'y puis plus tenir : il m'arrache des larmes,
Et ses tendres propos me font rendre les armes.

MYRTIL.
Que si, dans votre cœur, un reste d'amitié
Vous peut de mon destin donner quelque pitié,
Accordez Mélicerte à mon ardente envie,
Et vous ferez bien plus que me donner la vie.

LYCARSIS.
Lève-toi.

MYRTIL.
Serez-vous sensible à mes soupirs?

LYCARSIS.
Oui.

MYRTIL.
J'obtiendrai de vous l'objet de mes désirs?

LYCARSIS.
Oui.

MYRTIL.
Vous ferez pour moi que son oncle l'oblige
A me donner sa main?

LYCARSIS.
Oui. Lève-toi, te dis-je.

MYRTIL.
O père! le meilleur qui jamais ait été!
Que je baise vos mains après tant de bonté!

LYCARSIS.
Ah! que pour ses enfants un père a de faiblesse!
Peut-on rien refuser à leurs mots de tendresse?
Et ne se sent-on pas certains mouvements doux,
Quand on vient à songer que cela sort de vous?

MYRTIL.
Me tiendrez-vous au moins la parole avancée?
Ne changerez-vous point, dites-moi, de pensée?

LYCARSIS.
Non.

MYRTIL.
Me permettez-vous de vous désobéir,
Si de ces sentiments on vous fait revenir?
Prononcez le mot.

LYCARSIS.
Oui. Ah! nature! nature!
Je m'en vais trouver Mopse, et lui faire ouverture

De l'amour que sa nièce et toi vous vous portez !
MYRTIL.
Ah ! que ne dois-je point à vos rares bontés !
(seul.)
Quelle heureuse nouvelle à dire à Mélicerte !
Je n'accepterais pas une couronne offerte,
Pour le plaisir que j'ai de courir lui porter
Ce merveilleux succès qui la doit contenter.

SCÈNE VI.

ACANTHE, TYRÈNE, MYRTIL.

ACANTHE.
Ah ! Myrtil, vous avez du ciel reçu des charmes
Qui nous ont préparé des matières de larmes;
Et leur naissant éclat, fatal à nos ardeurs,
De ce que nous aimons nous enlève les cœurs.
TYRÈNE.
Peut-on savoir, Myrtil, vers qui de ces deux belles,
Vous tournerez ce choix dont courent les nouvelles?
Et sur qui doit de nous tomber ce coup affreux,
Dont se voit foudroyé tout l'espoir de nos vœux ?
ACANTHE.
Ne faites point languir deux amants davantage,
Et nous dites quel sort votre cœur nous partage.
TYRÈNE.
Il vaut mieux, quand on craint ces malheurs éclatants,
En mourir tout d'un coup, que traîner si longtemps.
MYRTIL.
Rendez, nobles bergers, le calme à votre flamme ;
La belle Mélicerte a captivé mon âme.
Auprès de cet objet, mon sort est assez doux,
Pour ne pas consentir à rien prendre sur vous ;
Et, si vos vœux enfin n'ont que les miens à craindre,
Vous n'aurez l'un ni l'autre aucun lieu de vous
ACANTHE.   [plaindre.
Ah ! Myrtil, se peut-il que deux tristes amants?..
TYRÈNE.
Est-il vrai que le ciel, sensible à nos tourments?..

MYRTIL.

Oui, content de mes fers comme d'une victoire,
Je me suis excusé de ce choix plein de gloire ;
J'ai de mon père encor changé les volontés,
Et l'ai fait consentir à mes félicités.

ACANTHE, à *Tyrène*.

Ah! que cette aventure est un charmant miracle,
Et qu'à notre poursuite elle ôte un grand obstacle.

TYRÈNE, à *Acanthe*.

Elle peut renvoyer ces nymphes à nos vœux,
Et nous donner moyen d'être contents tous deux.

SCENE VII.
NICANDRE, MYRTIL, ACANTHE, TYRÈNE.

NICANDRE.

Savez-vous en quel lieu Mélicerte est cachée?

MYRTIL.

Comment ?

NICANDRE.

En diligence elle est partout cherchée.

MYRTIL.

Et pourquoi ?

NICANDRE.

Nous allons perdre cette beauté.
C'est pour elle qu'ici le roi s'est transporté ;
Avec un grand seigneur on dit qu'il la marie.

MYRTIL.

O ciel! Expliquez-moi ce discours, je vous prie.

NICANDRE.

Ce sont des incidents grands et mystérieux.
Oui, le roi vient chercher Mélicerte en ces lieux ;
Et l'on dit qu'autrefois feu Bélise sa mère,
Dont tout Tempé croyait que Mopse était le frère.
Mais je me suis chargé de la chercher partout :
Vous saurez tout cela tantôt, de bout en bout.

MYRTIL.

Ah! dieux! quelle rigueur! Hé! Nicandre, Nicandre!

ACANTHE.

Suivons aussi ses pas, afin de tout apprendre.

FIN DE MÉLICERTE.

ized by Google

PASTORALE COMIQUE.

1666.

PERSONNAGES DE LA PASTORALE.

Iris, jeune bergère.
Lycas, riche pasteur, amant d'Iris.
Philène, riche pasteur, amant d'Iris.
Corydon, jeune berger, confident de Lycas, amant d'Iris.
Un patre, ami de Philène.
Un berger.

PERSONNAGES DU BALLET.

Magiciens, dansants.
Magiciens, chantants.
Démons, dansants.
Paysans.
Une Égyptienne, chantant, dansant.
Égyptiens dansants.

La scène est en Thessalie, dans un hameau de la vallée de Tempé.

PASTORALE COMIQUE.

ACTE PREMIER.

SCÈNE PREMIÈRE.

LYCAS, CORYDON.

SCENE II.

LYCAS, MAGICIENS, *chantants et dansants,* DEMONS.

PREMIÈRE ENTREE DE BALLET.

(Deux magiciens commencent, en dansant, un enchantement pour embellir Lycas : ils frappent la terre avec leurs baguettes, et en font sortir six démons, qui se joignent à eux. Trois magiciens sortent aussi de dessous terre.)

TROIS MAGICIENS CHANTANTS.

Déesse des appas,
Ne nous refuse pas
La grace qu'implorent nos bouches,
Nous t'en prions par tes rubans,
Par tes boucles de diamants,
Ton rouge, ta poudre, tes mouches,
Ton masque, ta coiffe et tes gants.

UN MAGICIEN, *seul.*

O toi ! qui peux rendre agréables
Les visages les plus mal faits,
Répands, Vénus, de tes attraits
Deux ou trois doses charitables
Sur ce museau tondu tout frais.

LES TROIS MAGICIENS CHANTANTS.

Déesse des appas,
Ne nous refuse pas
La grace qu'implorent nos bouches.
Nous t'en prions par tes rubans,
Par tes boucles de diamants,
Ton rouge, ta poudre, tes mouches,
Ton masque, ta coiffe et tes gants.

DEUXIÈME ENTRÉE DE BALLET.

(Les six démons dansants habillent Lycas d'une manière ridicule et bizarre.)

LES TROIS MAGICIENS CHANTANTS.

Ah ! qu'il est beau !
Le Jouvenceau !
Ah ! qu'il est beau ! ah ! qu'il est beau !
Qu'il va faire mourir de belles !
Auprès de lui les plus cruelles
Ne pourront tenir dans leur peau.
Ah ! qu'il est beau
Le Jouvenceau !
Ah ! qu'il est beau ! ah ! qu'il est beau !
Ho, ho, ho, ho, ho, ho, ho, ho,

TROISIÈME ENTRÉE DE BALLET.

Les magiciens et les démons continuent leurs danses, tandis que les trois magiciens chantants continuent à se moquer de Lycas.

LES TROIS MAGICIENS CHANTANTS.

Qu'il est joli !
Gentil, poli !
Qu'il est joli ! qu'il est joli !
Est-il des yeux qu'il ne ravisse ?
Il passe en beauté feu Narcisse,
Qui fut un blondin accompli.
Qu'il est joli !
Gentil, poli !
Qu'il est joli ! qu'il est joli !
Hi, hi, hi, hi, hi, hi, hi, hi,

(Les trois magiciens chantants s'enfoncent dans la terre, et les magiciens dansants disparaissent.)

SCÈNE III.

LYCAS, PHILÈNE.

PHILÈNE, *sans voir Lycas, chante:*
Paissez, chères brebis, les herbettes naissantes,
Ces prés et ces ruisseaux ont de quoi vous charmer :
Mais si vous désirez vivre toujours contentes,
    Petites innocentes,
    Gardez-vous bien d'aimer.

LYCAS, *sans voir Philène.*
(*Ce pasteur, voulant faire des vers pour sa maîtresse, prononce le nom d'Iris assez haut pour que Philène l'entende.*)

PHILÈNE, *à Lycas.*
Est-ce toi que j'entends, téméraire ? Est-ce toi,
Qui nommes la beauté qui me tient sous sa loi ?

LYCAS.
Oui, c'est moi ; oui, c'est moi.

PHILÈNE.
Oses-tu bien, en aucune façon,
    Proférer ce beau nom ?

LYCAS.
Hé ! pourquoi non ? Hé ! pourquoi non ?

PHILÈNE.
Iris charme mon ame ;
Et qui pour elle aura
Le moindre brin de flamme,
Il s'en repentira.

LYCAS.
Je me moque de cela,
Je me moque de cela.

PHILÈNE.
Je t'étranglerai, mangerai,
Si tu nommes jamais ma belle;
Ce que je dis, je le ferai,
Je t'étranglerai, mangerai,

Il suffit que j'en ai juré.
Quand les dieux prendraient ta querelle,
Je t'étranglerai, mangerai,
Si tu nommes jamais ma belle.
LYCAS.
Bagatelle, bagatelle.

SCÈNE IV.

IRIS, LYCAS.

SCÈNE V.

LYCAS, UN PATRE.

(Le Pâtre apporte à Lycas un cartel de la part de Philène.)

SCÈNE VI.

LYCAS, CORYDON.

SCÈNE VII.

PHILÈNE, LYCAS.

PHILÈNE, *chante*.
Arrête, malheureux ;
Tourne, tourne visage ;
Et voyons qui des deux
Obtiendra l'avantage.
LYCAS.
(*Lycas hésite à se battre.*)
PHILÈNE.
C'est par trop discourir,
Allons, il faut mourir.

SCÈNE VIII.

PHILÈNE, LYCAS, PAYSANS.

(Les paysans viennent pour séparer Philène et Lycas.)

QUATRIÈME ENTRÉE DE BALLET.

(Les paysans prennent querelle en voulant séparer les deux pasteurs, et dansent en se battant.)

SCÈNE IX.

CORYDON, LYCAS, PHILENE, PAYSANS.

(Corydon, par ses discours, trouve moyen d'apaiser la querelle des paysans.)

CINQUIEME ENTRÉE DE BALLET.

(Les paysans réconciliés dansent ensemble.)

SCENE X.

CORYDON, LYCAS, PHILENE.

SCENE XI.

IRIS, CORYDON.

SCENE XII.

PHILENE, LYCAS, IRIS, CORYDON.

(*Lycas et Philène, amants de la bergère, la pressent de décider lequel des deux aura la préférence.*)

PHILÈNE, *à Iris.*

N'attendez pas qu'ici je me vante moi-même,
   Pour le choix que vous balancez ;
  Vous avez des yeux, je vous aime,
   C'est vous en dire assez.

(*La bergère décide en faveur de Corydon.*)

SCENE XIII.

PHILENE, LYCAS.

PHILÈNE, *chante.*

Hélas ! peut-on sentir de plus vive douleur ?
Nous préférer un servile pasteur !
  O ciel !

LYCAS, *chante.*
  O sort !

PHILÈNE.
      Quelle rigueur !

LYCAS.

Quel coup !

PHILÈNE.

Quoi ! tant de pleurs,

LYCAS.

Tant de persévérance,

PHILÈNE.

Tant de langueur,

LYCAS.

Tant de souffrance,

PHILÈNE.

Tant de vœux,

LYCAS.

Tant de soins,

PHILÈNE.

Tant d'ardeur,

LYCAS.

Tant d'amour ;

PHILÈNE.

Avec tant de mépris sont traités en ce jour !
Ah ! cruelle !

LYCAS.

Cœur dur !

PHILÈNE.

Tigresse !

LYCAS.

Inexorable !

PHILÈNE.

Inhumaine !

LYCAS.

Inflexible !

PHILÈNE.

Ingrate !

LYCAS.

Impitoyable !

PHILÈNE.

Tu veux donc nous faire mourir !
Il te faut contenter,

LYCAS.

Il te faut obéir.

SCÈNE XV.

PHILÈNE, *tirant son javelot.*

Mourons, Lycas.

LYCAS, *tirant son javelot.*

Mourons, Philène.

PHILÈNE.

Avec ce fer finissons notre peine.

LYCAS.

Pousse.

PHILÈNE.

Ferme.

LYCAS.

Courage.

PHILÈNE.

Allons, va le premier.

LYCAS.

Non, je veux marcher le dernier.

PHILÈNE.

Puisque même malheur aujourd'hui nous assemble,
Allons, partons ensemble.

SCÈNE XIV.

UN BERGER, LYCAS, PHILENE.

LE BERGER *chante.*

Ah! quelle folie,
De quitter la vie
Pour une beauté
Dont on est rebuté!
On peut, pour un objet aimable,
Dont le cœur nous est favorable,
Vouloir perdre la clarté;
Mais quitter la vie
Pour une beauté,
Dont on est rebuté,
Ah! quelle folie!

SCÈNE XV.

UNE ÉGYPTIENNE, ÉGYPTIENS *dansants.*

L'ÉGYPTIENNE.

D'un pauvre cœur

Soulagez le martyre ;
D'un pauvre cœur
Soulagez la douleur.
J'ai beau vous dire
Ma vive ardeur.
Je vous vois rire
De ma langueur :
Ah ! cruelle, j'expire
Sous tant de rigueur.
D'un pauvre cœur
Soulagez le martyre ;
D'un pauvre cœur
Soulagez la douleur.

SIXIEME ET DERNIERE ENTRÉE DE BALLET.

(Douze Égyptiens, dont quatre jouent de la guitare, quatre des castagnettes, quatre des gnacares, dansent avec l'Égyptienne aux chansons qu'elle chante.

L'ÉGYPTIENNE.

Croyez-moi, hâtons-nous, ma Sylvie,
Usons bien des moments précieux,
Contentons ici notre envie,
De nos ans le feu nous y convie :
Nous ne saurions vous et moi, faire mieux.

Quand l'hiver a glacé nos guérets,
Le printemps vient reprendre sa place,
Et ramène à nos champs leurs attraits ;
Mais, hélas ! quand l'âge nous glace,
Nos beaux jours ne reviennent jamais.

Ne cherchons tous les jours qu'à nous plaire;
Soyons-y l'un et l'autre empressés ;
Du plaisir faisons notre affaire :
Des chagrins songeons à nous défaire,
Il vient un temps où l'on en prend assez.

Quand l'hiver a glacé nos guérets,
Le printemps vient reprendre sa place,
Et ramène à nos champs leurs attraits ;
Mais, hélas ! quand l'âge nous glace,
Nos beaux jours ne reviennent jamais.

FIN DE LA PASTORALE COMIQUE.

LE SICILIEN

ou

L'AMOUR PEINTRE,

COMEDIE-BALLET.

1660.

PERSONNAGES DE LA COMÉDIE.

Don Pèdre, gentilhomme sicilien.
Adraste, gentilhomme français, amant d'Isidore.
Isidore, grecque, esclave de don Pèdre.
Zaïde, jeune esclave.
Un sénateur.
Hali, Turc, esclave d'Adraste.
Deux laquais.

PERSONNAGES DU BALLET.

Musiciens.
Esclave chantant.
Esclaves dansants.
Maures et Mauresques dansants.

La scène est à Messine dans une place publique.

LE SICILIEN

ou

L'AMOUR PEINTRE.

ACTE PREMIER.

SCENE PREMIÈRE.

HALI, MUSICIENS.

HALI, *aux musiciens.*

Chut. N'avancez-pas davantage, et demeurez dans cet endroit jusqu'à ce que je vous appelle.

SCENE II.

HALI, *seul.*

Il fait noir comme dans un four. Le ciel s'est habillé ce soir en Scaramouche, et je ne vois pas une étoile qui montre le bout de son nez. Sotte condition, que celle d'un esclave, de ne vivre jamais pour soi, et d'être toujours tout entier aux passions d'un maître, de n'être réglé que par ses humeurs, et de se voir réduit à faire ses propres affaires de tous les soucis qu'il peut prendre! Le mien me fait ici épouser ses inquiétudes; et parce qu'il est amoureux, il faut que nuit et jour je n'aie aucun repos. Mais voici des flambeaux; et sans doute c'est lui.

SCENE III.

ADRASTE, DEUX LAQUAIS, *portant chacun un flambeau,* HALI.

ADRASTE.

Est-ce toi, Hali?

HALI.

Et qui pourrait-ce être que moi? A ces heures de nuit, hors vous et moi, monsieur, je ne crois pas que personne s'avise de courir maintenant les rues.

ADRASTE.

Aussi ne crois-je pas qu'on puisse voir personne qui sente dans son cœur la peine que je sens. Car enfin, ce n'est rien d'avoir à combattre l'indifférence ou les rigueurs d'une beauté qu'on aime, on a toujours au moins le plaisir de la plainte et la liberté des soupirs : mais ne pouvoir trouver aucune occasion de parler à ce qu'on adore, ne pouvoir savoir d'une belle si l'amour qu'inspirent ses yeux, est pour lui plaire ou lui déplaire, c'est la plus fâcheuse, à mon gré, de toutes les inquiétudes ; et c'est où me réduit l'incommode jaloux qui veille, avec tant de souci, sur ma charmante Grecque, et ne fait pas un pas sans la traîner à ses côtés.

HALI.

Mais il est, en amour, plusieurs façons de se parler ; et il me semble, à moi, que vos yeux et les siens, depuis près de deux mois, se sont dit bien des choses.

ADRASTE.

Il est vrai qu'elle et moi souvent nous nous sommes parlé des yeux ; mais comment reconnaître que chacun de notre côté nous ayons comme il faut expliqué ce langage ? et que sais-je, après tout, si elle entend bien tout ce que mes regards lui disent, et si les siens me disent ce que je crois parfois entendre ?

HALI.

Il faut chercher quelque moyen de se parler d'autre manière.

ADRASTE.

As-tu là tes musiciens ?

HALI.

Oui.

ADRASTE.

Fais-les approcher. (*seul.*) Je veux, jusques au jour, les faire ici chanter, et voir si leur musique n'obligera point cette belle à paraître à quelque fenêtre.

SCÈNE IV.

ADRASTE, HALI, MUSICIENS.

HALI.
Les voici. Que chanteront-ils?

ADRASTE.
Ce qu'ils jugeront de meilleur.

HALI.
Il faut qu'ils chantent un trio qu'ils me chantèrent l'autre jour.

ADRASTE.
Non. Ce n'est pas ce qu'il me faut.

HALI.
Ah! monsieur, c'est du beau bécarre.

ADRASTE.
Que diantre veux-tu dire avec ton beau bécarre?

HALI.
Monsieur, je tiens pour le bécarre. Vous savez que je m'y connais. Le bécarre me charme; hors du bécarre, point de salut en harmonie. Ecoutez un peu ce trio.

ADRASTE.
Non. Je veux quelque chose de tendre et de passionné, quelque chose qui m'entretienne dans une douce rêverie.

HALI.
Je vois bien que vous êtes pour le bémol; mais il y a moyen de vous contenter l'un et l'autre. Il faut qu'ils vous chantent une certaine scène d'une petite comédie que je leur ai vu essayer. Ce sont deux bergers amoureux, tout remplis de langueur, qui, sur bémol, viennent séparément faire leurs plaintes dans un bois, puis se découvrent l'un à l'autre la cruauté de leurs maîtresses; et là dessus vient un berger joyeux avec un bécarre admirable, qui se moque de leur faiblesse.

ADRASTE.
J'y consens. Voyons ce que c'est.

HALI.

Voici, tout juste, un lieu propre à servir de scène;
et voilà deux flambeaux pour éclairer la comédie.

ADRASTE.

Place-toi contre ce logis, afin qu'au moindre bruit
que l'on fera dedans, je fasse cacher les lumières.

FRAGMENT DE COMEDIE,

*chanté et accompagné par les musiciens qu'Hali
a amenés.*

SCENE PREMIÈRE.

PHILENE, TIRCIS.

PREMIER MUSICIEN, *représentant Philène.*

Si, du triste récit de mon inquiétude,
Je trouble le repos de votre solitude,
  Rochers, ne soyez point fâchés:
Quand vous saurez l'excès de mes peines secrètes,
   Tout rochers que vous êtes,
   Vous en serez touchés.

DEUXIEME MUSICIEN, *représentant Tircis.*

Les oiseaux, réjouis dès que le jour s'avance,
Recommencent leurs chants dans ces vastes forêts;
   Et moi, j'y commence
Mes soupirs languissants et mes tristes regrets.
   Ah! mon cher Philène.

PHILÈNE.

Ah! mon cher Tircis.

TIRCIS.

Que je sens de peine!

PHILÈNE.

Que j'ai de soucis!

TIRCIS.

Toujours sourde à mes vœux est l'ingrate Climène.

PHILÈNE.

Chloris n'a point, pour moi, de regards adoucis.

TOUS DEUX ENSEMBLE.

O loi trop inhumaine!

Amour, si tu ne peux les contraindre d'aimer,
Pourquoi leur laisses-tu le pouvoir de charmer?

SCENE II.

PHILÈNE, TIRCIS, UN PATRE.

TROISIÈME MUSICIEN, *représentant un pâtre.*
Pauvres amants, quelle erreur
D'adorer des inhumaines!
Jamais les ames bien saines
Ne se payent de rigueur;
Et les faveurs sont les chaînes
Qui doivent lier un cœur.

On voit cent belles ici,
Auprès de qui je m'empresse;
A leur vouer ma tendresse
Je mets mon plus doux souci:
Mais, lorsque l'on est tigresse,
Ma foi, je suis tigre aussi.

PHILÈNE ET TIRCIS ENSEMBLE.
Heureux, hélas! qui peut aimer ainsi!

HALI.
Monsieur, je viens d'ouïr quelque bruit au dedans.

ADRASTE.
Qu'on se retire vite, et qu'on éteigne les flambeaux.

SCENE V.

DON PÈDRE, ADRASTE, HALI.

DON PÈDRE, *sortant de sa maison, en bonnet de nuit et en robe de chambre, avec une épée sous son bras.*
Il y a quelque temps que j'entends chanter à ma porte; et sans doute cela ne se fait pas pour rien. Il faut que dans l'obscurité je tâche à découvrir quelles gens ce peuvent être.

ADRASTE.
Hali.

HALI.
Quoi?

ADRASTE.
N'entends-tu plus rien?

HALI.
Non.

(*Don Pèdre est derrière eux qui les écoute.*)

ADRASTE.
Quoi ! tous nos efforts ne pourront obtenir que je parle un moment à cette aimable Grecque ! et ce jaloux maudit, ce traître de Sicilien, me fermera toujours tout accès auprès d'elle !

HALI.
Je voudrais de bon cœur que le diable l'eût emporté, pour le mal qu'il nous donne, le fâcheux, le bourreau qu'il est ! Ah ! si nous le tenions ici, que je prendrais de joie à venger, sur son dos, tous les pas inutiles que sa jalousie nous fait faire !

ADRASTE.
Si faut-il bien pourtant trouver quelque moyen, quelque invention, quelque ruse, pour attraper notre brutal. J'y suis trop engagé, pour en avoir le démenti; et quand j'y devrais employer...

HALI.
Monsieur, je ne sais pas ce que cela veut dire, mais la porte est ouverte; et, si vous voulez, j'entrerai doucement pour découvrir d'où cela vient.

(*Don Pèdre se retire sur sa porte.*)

ADRASTE.
Oui, fais; mais sans faire de bruit. Je ne m'éloigne pas de toi. Plût au ciel, que ce fût la charmante Isidore !

DON PÈDRE, *donnant un soufflet à Hali.*
Qui va là ?

HALI, *rendant le soufflet à don Pèdre.*
Ami.

DON PÈDRE.
Holà ! Francisque, Dominique, Simon, Martin, Pierre, Thomas, Georges, Charles, Barthélemi. Allons, promptement, mon épée, ma rondache, ma hallebarde, mes pistolets, mes mousquetons, mes fusils. Vite, dépêchez. Allons, tue, point de quartier.

SCENE VI.
ADRASTE, HALI.

ADRASTE.

Je n'entends remuer personne. Hali, Hali.

HALI, *caché dans un coin.*

Monsieur.

ADRASTE.

Où donc te caches-tu?

HALI.

Ces gens sont-ils sortis?

ADRASTE.

Non. Personne ne bouge.

HALI, *sortant d'où il était caché.*

S'ils viennent, ils seront frottés.

ADRASTE.

Quoi! tous nos soins seront donc inutiles! Et toujours ce fâcheux jaloux se moquera de nos desseins!

HALI.

Non. Le courroux du point d'honneur me prend; il ne sera pas dit qu'on triomphe de mon adresse; ma qualité de fourbe s'indigne de tous ces obstacles, et je prétends faire éclater les talents que j'ai eus du ciel.

ADRASTE.

Je voudrais seulement que, par quelque moyen, par un billet, par quelque bouche, elle fût avertie des sentiments qu'on a pour elle; et savoir les siens là-dessus. Après, on peut trouver facilement les moyens.

HALI.

Laissez-moi faire seulement. J'en essaierai tant de toutes les manières, que quelque chose enfin nous pourra réussir. Allons, le jour paraît, je vais chercher mes gens, et venir attendre en ce lieu que notre jaloux sorte.

SCENE VII.
DON PÈDRE, ISIDORE.

ISIDORE.

Je ne sais pas quel plaisir vous prenez à me réveiller si matin. Cela s'ajuste assez mal, ce me semble, au dessein que vous avez pris de me faire peindre aujourd'hui ; et ce n'est guères pour avoir le teint frais et les yeux brillants, que se lever ainsi dès la pointe du jour.

DON PEDRE.

J'ai une affaire qui m'oblige à sortir à l'heure qu'il est.

ISIDORE.

Mais l'affaire que vous avez, eût bien pu se passer, je crois, de ma présence ; et vous pouviez, sans vous incommoder, me laisser goûter les douceurs du sommeil du matin.

DON PEDRE.

Oui. Mais je suis bien aise de vous voir toujours avec moi. Il n'est pas mal de s'assurer un peu contre les soins des surveillants ; et cette nuit encore on est venu chanter sous nos fenêtres.

ISIDORE.

Il est vrai : la musique en était admirable.

DON PEDRE.

C'était pour vous que cela se faisait ?

ISIDORE.

Je le veux croire ainsi, puisque vous me le dites.

DON PEDRE.

Vous savez qui était celui qui donnait cette sérénade ?

ISIDORE.

Non pas ; mais, qui que ce puisse être, je lui suis obligée.

DON PEDRE.

Obligée ?

ISIDORE.

Sans doute, puisqu'il cherche à me divertir.

DON PEDRE.

Vous trouvez donc bon qu'il vous aime ?

ISIDORE.

Fort bon. Cela n'est jamais qu'obligeant.

DON PEDRE.
Et vous voulez du bien à tous ceux qui prennent ce soin?

ISIDORE.
Assurément.

DON PEDRE.
C'est dire fort net ses pensées.

ISIDORE.
A quoi bon de dissimuler? Quelque mine qu'on fasse, on est toujours bien aisé d'être aimée. Ces hommages à nos appas ne sont jamais pour nous déplaire. Quoi qu'on en puisse dire, la grande ambition des femmes est, croyez-moi, d'inspirer de l'amour. Tous les soins qu'elles prennent ne sont que pour cela; et l'on n'en voit point de si fière, qui ne s'applaudisse en son cœur des conquêtes que font ses yeux.

DON PEDRE.
Mais, si vous prenez, vous, du plaisir à vous voir aimée, savez-vous bien, moi, qui vous aime, que je n'y en prends nullement?

ISIDORE.
Je ne sais pas pourquoi cela; et si j'aimais quelqu'un, je n'aurais point de plus grand plaisir que de le voir aimé de tout le monde. Y a-t-il rien qui marque davantage la beauté du choix que l'on fait? et n'est-ce pas pour s'applaudir, que ce que nous aimons soit trouvé fort aimable?

DON PEDRE.
Chacun aime à sa guise, et ce n'est pas là ma méthode. Je serai fort ravi qu'on ne vous trouve point si belle, et vous m'obligerez de n'affecter point tant de le paraître à d'autres yeux.

ISIDORE.
Quoi! jaloux de ces choses-là?

DON PEDRE.
Oui, jaloux de ces choses-là; mais jaloux comme un tigre, et, si vous voulez, comme un diable. Mon amour vous veut toute à moi. Sa délicatesse s'offense d'un souris, d'un regard qu'on vous peut arracher; et

tous les soins qu'on me voit prendre ne sont que pour fermer tout accès aux galants, et m'assurer la possession d'un cœur dont je ne puis souffrir qu'on me vole la moindre chose.

ISIDORE.

Certes, voulez-vous que je dise? vous prenez un mauvais parti; et la possession d'un cœur est fort mal assurée, lorsqu'on prétend le retenir par force. Pour moi, je vous l'avoue, si j'étais galant d'une femme qui fût au pouvoir de quelqu'un, je mettrais toute mon étude à rendre ce quelqu'un jaloux, et l'obligerais à veiller nuit et jour celle que je voudrais gagner. C'est un admirable moyen d'avancer ses affaires; et l'on ne tarde guère à profiter du chagrin et de la colère que donnent à l'esprit d'une femme la contrainte et la servitude.

DON PÈDRE.

Si bien donc que si quelqu'un vous en contait, il vous trouverait disposé à recevoir ses vœux?

ISIDORE.

Je ne vous dis rien là-dessus. Mais les femmes enfin n'aiment pas qu'on les gêne; et c'est beaucoup risquer que de leur montrer des soupçons, et de les tenir renfermées.

DON PÈDRE.

Vous reconnaissez peu ce que vous me devez; et il me semble qu'une esclave que l'on a affranchie, et dont on veut faire sa femme...

ISIDORE.

Quelle obligation vous ai-je, si vous changez mon esclavage en un autre beaucoup plus rude, si vous ne me laissez jouir d'aucune liberté, et me fatiguez, comme on voit, d'une garde continuelle?

DON PÈDRE.

Mais tout cela ne part que d'un excès d'amour.

ISIDORE.

Si c'est votre façon d'aimer, je vous prie de me haïr.

DON PÈDRE.

Vous êtes aujourd'hui dans une humeur désobligeante ; et je pardonne ces paroles au chagrin où vous pouvez être, de vous être levée matin.

SCÈNE VIII.

DON PÈDRE, ISIDORE, HALI, *habillé en Turc, et faisant plusieurs révérences à don Pèdre.*

DON PÈDRE.

Trève aux cérémonies. Que voulez-vous ?

HALI, *se mettant entre don Pèdre et Isidore.*

(*Il se tourne vers Isidore à chaque parole qu'il dit à don Pèdre, et lui fait des signes pour lui faire connaître le dessein de son maître.*)

Signor, (avec la permission de la signore), je vous dirai (avec la permission de la signore) que je viens vous trouver (avec la permission de la signore) pour vous prier (avec la permission de la signore) de vouloir bien (avec la permission de la signore)...

DON PÈDRE.

Avec la permission de la signore, passez un peu de ce côté.

(*Don Pèdre se met entre Hali et Isidore.*)

HALI.

Signor, je suis un virtuose.

DON PÈDRE.

Je n'ai rien à donner.

HALI.

Ce n'est pas ce que je demande. Mais, comme je me mêle un peu de musique et de danse, j'ai instruit quelques esclaves qui voudraient bien trouver un maître qui se plût à ces choses ; et comme je sais que vous êtes une personne considérable, je voudrais vous prier de les voir et de les entendre, pour les acheter s'ils vous plaisent, ou pour leur enseigner quelqu'un de vos amis qui voulût s'en accommoder.

ISIDORE.

C'est une chose à voir, et cela nous divertira. Faites-les nous venir.

HALI.

Chala bala... Voici une chanson nouvelle qui est du temps. Ecoutez bien. Chala bala.

SCÈNE IX.

DON PEDRE, ISIDORE, HALI, ESCLAVES
TURCS.

UN ESCLAVE, *chantant à Isidore.*
D'un cœur ardent, en tous lieux,
Un amant suit une belle ;
Mais, d'un jaloux odieux,
La vigilance éternelle
Fait qu'il ne peut, que des yeux,
S'entretenir avec elle.
Est-il peine plus cruelle
Pour un cœur bien amoureux ?
(*à don Pèdre.*)
Chiribirida ouch alla,
Star bon Turca,
Non aver danara:
Ti voler comprara ?
Mi servir a ti,
Se pagar per mi ;
Far bona cucina,
Mi levar matina,
Far boller caldara ;
Parlara, parlara ;
Ti voler comprara ?

PREMIERE ENTREE DE BALLET.

(Danse des esclaves.)

L'ESCLAVE, *à Isidore.*
C'est un supplice, à tous coups,
Sous qui cet amant expire ;
Mais, si d'un œil un peu doux,
La belle voit son martyre,
Et consent qu'aux yeux de tous,
Pour ses attraits il soupire,
Il pourrait bientôt se rire
De tous les soins du jaloux.

SCENE IX.

(*à don Pèdre.*)
Chiribirida ouch alla,
Star bon Turca,
Non aver danara,
Ti voler comprara?
Mi servir à ti,
Se pagar per mi;
Far bona cucina,
Mi levar matina,
Far boller caldara;
Parlara, parlara,
Ti voler comprara?

SECONDE ENTRÉE DE BALLET.

(Les esclaves recommencent leurs danses.

DON PEDRE *chante*.
Savez-vous, mes drôles,
Que cette chanson
Sent, pour vos épaules,
Les coups de bâton?
Chiribirida ouch alla,
Mi ti non comprara,
Ma ti bastonara,
Si ti non andara,
Andara, andara,
O ti bastonara.

(*à Isidore.*)

Oh! oh! quels égrillards! Allons, rentrons ici : j'ai changé de pensée; et puis le temps se couvre un peu. (*à Hali qui paraît encore.*) Ah! fourbe, que je vous y trouve!

HALI.

Hé! bien oui, mon maître l'adore. Il n'a point de plus grand désir que de lui montrer son amour; et, s' elle y consent, il la prendra pour femme.

DON PEDRE.

Oui, oui. Je la lui garde.

HALI.

Nous l'aurons malgré vous.

DON PEDRE.

Comment! coquin...

HALI.

Nous l'aurons, dis-je, en dépit de vos dents.

DON PEDRE.

Si je prends...

HALI.

Vous avez beau faire la garde, j'en ai juré, elle sera à nous.

DON PEDRE.

Laisse-moi faire, je t'attraperai sans courir.

HALI.

C'est nous qui vous attraperons. Elle sera notre femme; la chose est résolue. (*seul.*) Il faut que j'y périsse, ou que j'en vienne à bout.

SCENE X.

ADRASTE, HALI, DEUX LAQUAIS.

ADRASTE.

Hé bien! Hali, nos affaires avancent-elles?

HALI.

Monsieur, j'ai déjà fait quelque petite tentative; mais je...

ADRASTE.

Ne te mets point en peine, j'ai trouvé par hasard tout ce que je voulais; et je vais jouir du bonheur de voir chez elle cette belle. Je me suis rencontré chez le peintre Damon, qui m'a dit qu'aujourd'hui il venait faire le portrait de cette adorable personne; et, comme il est depuis longtemps de mes plus intimes amis, il a voulu servir mes feux, et m'envoie à sa place avec un petit mot de lettre pour me faire accepter. Tu sais que de tout temps je me suis plu à la peinture, et que parfois je manie le pinceau, contre la coutume de France, qui ne veut pas qu'un gentilhomme sache rien faire; ainsi j'aurai la liberté de voir cette belle à mon aise. Mais je ne doute pas que mon jaloux fâcheux ne soit toujours présent, et n'empêche tous les propos que nous pourrions avoir ensemble ; et, pour te dire vrai, j'ai par le moyen d'une jeune esclave un stratagême prêt pour tirer cette belle Grecque des mains de son jaloux, si je puis obtenir qu'elle y consente.

HALI.

Laissez-moi faire, je veux vous faire un peu de jour à la pouvoir entretenir. Il ne sera pas dit que je ne serve de rien dans cette affaire-là. Quand y allez-vous ?

ADRASTE.

Tout de ce pas, et j'ai déjà préparé toutes choses.

HALI.

Je vais, de mon côté, me préparer aussi.

ADRASTE, *seul.*

Je ne veux point perdre de temps. Holà ! Il me tarde que je ne goûte le plaisir de la voir.

SCENE XI.

DON PEDRE, ADRASTE, DEUX LAQUAIS.

DON PEDRE.

Que cherchez-vous, cavalier, dans cette maison ?

ADRASTE.

J'y cherche le seigneur don Pèdre.

DON PEDRE.

Vous l'avez devant vous.

ADRASTE.

Il prendra, s'il lui plaît, la peine de lire cette lettre.

DON PEDRE *lit.*

« Je vous envoie, au lieu de moi, pour le portrait
« que vous savez, ce gentilhomme français, qui,
« comme curieux d'obliger les honnêtes gens, a bien
« voulu prendre ce soin, sur la proposition que je lui
« en ai faite. Il est, sans contredit, le premier homme
« du monde, pour ces sortes d'ouvrages, et j'ai cru
« que je ne vous pouvais rendre un service plus
« agréable que de vous l'envoyer, dans le dessein
« que vous avez d'avoir un portrait achevé de la per-

« sonne que vous aimez. Gardez-vous bien surtout
« de lui parler d'aucune récompense; car c'est un
« homme qui s'en offenserait, et qui ne fait les choses
« que pour la gloire et la réputation. »

Seigneur Français, c'est une grande grace que vous me voulez faire; et je vous vous suis fort obligé.

ADRASTE.

Toute mon ambition est de rendre service aux gens de nom et de mérite.

DON PEDRE.

Je vais faire venir la personne dont il s'agit.

SCÈNE XII.

ISIDORE, DON PEDRE, ADRASTE, DEUX LAQUAIS.

DON PEDRE, *à Isidore.*

Voici un gentilhomme que Damon nous envoie, qui se veut bien donner la peine de vous peindre. (*à Adraste qui embrasse Isidore en la saluant.*) Holà! seigneur Français, cette façon de saluer n'est point d'usage en ce pays.

ADRASTE.

C'est la manière de France.

DON PEDRE.

La manière de France est bonne pour vos femmes; mais pour les nôtres, elle est un peu trop familière.

ISIDORE.

Je reçois cet honneur avec beaucoup de joie. L'aventure me surprend fort; et, pour dire le vrai, je ne m'attendais pas d'avoir un peintre si illustre.

ADRASTE.

Il n'y a personne, sans doute, qui ne tînt à beaucoup de gloire, de toucher un tel ouvrage. Je n'ai pas grande habileté; mais le sujet, ici, ne fournit que trop de lui-même, et il y a moyen de faire quelque chose de beau sur un original fait comme celui-là.

SCÈNE XII.

ISIDORE.

L'original est peu de chose; mais l'adresse du peintre en saura couvrir les défauts.

ADRASTE.

Le peintre n'y en voit aucun; et tout ce qu'il souhaite est d'en pouvoir représenter les graces aux yeux de tout le monde, aussi grandes qu'il les peut voir.

ISIDORE.

Si votre pinceau flatte autant que votre langue, vous allez me faire un portrait qui ne me ressemblera pas.

ADRASTE.

Le ciel, qui fit l'original, nous ôte le moyen d'en faire un portrait qui puisse flatter.

ISIDORE.

Le ciel, quoi que vous en disiez, ne...

DON PEDRE.

Finissons cela, de grace. Laissons les compliments, et songeons au portrait.

ADRASTE, *aux laquais.*

Allons, apportez tout.

(*On apporte tout ce qu'il faut pour peindre Isidore.*)

ISIDORE, *à Adraste.*

Où voulez-vous que je me place?

ADRASTE.

Ici. Voici le lieu le plus avantageux, et qui reçoit le mieux les vues favorables de la lumière que nous cherchons.

ISIDORE, *après s'être assise.*

Suis-je bien ainsi?

ADRASTE.

Oui. Levez-vous un peu, s'il vous plaît. Un peu plus de ce côté-là. Le corps tourné ainsi. La tête un peu levée, afin que la beauté du col paraisse. Ceci un peu plus découvert. (*Il découvre un peu plus sa gorge.*) Bon. Là, un peu davantage : encore tant soit peu.

DON PEDRE, à *Isidore.*

Il y a bien de la peine à vous mettre : ne sauriez-vous vous tenir comme il faut?

ISIDORE.

Ce sont ici des choses toutes neuves pour moi; et c'est à monsieur à me mettre de la façon qu'il veut.

ADRASTE, *assis.*

Voilà qui va le mieux du monde, et vous vous tenez à merveille. (*la faisant tourner un peu vers lui.*) Comme cela, s'il vous plaît. Le tout dépend des attitudes qu'on donne aux personnes qu'on peint.

DON PEDRE.

Fort bien.

ADRASTE.

Un peu plus de ce côté. Vos yeux toujours tournés vers moi, je vous en prie; vos regards attachés aux miens.

ISIDORE.

Je ne suis pas comme ces femmes, qui veulent, en se faisant peindre, des portraits qui ne sont point elles, et ne sont point satisfaites du peintre, s'il ne les fait toujours plus belles qu'elles ne sont. Il faudrait, pour les contenter, ne faire qu'un portrait pour toutes; car toutes demandent les mêmes choses : un teint tout de lis et de rose, un nez bien fait, une petite bouche, et de grands yeux vifs, bien fendus; et surtout le visage pas plus gros que le poing, l'eussent-elles d'un pied de large. Pour moi, je vous demande un portrait qui soit moi, et qui n'oblige point à demander qui c'est.

ADRASTE.

Il serait malaisé qu'on demandât cela du vôtre; et vous avez des traits à qui fort peu d'autres ressemblent. Qu'ils ont de douceurs et de charmes, et qu'on court de risque à les peindre!

DON PEDRE.

Le nez me semble un peu trop gros.

ADRASTE.

J'ai lu, je ne sais où, qu'Apelle peignit autrefois une maîtresse d'Alexandre d'une merveilleuse beauté, et qu'il en devint, la peignant, si éperduement amoureux, qu'il fut près d'en perdre la vie ; de sorte qu'Alexandre, par générosité, lui céda l'objet de ses vœux. (*à don Pèdre.*) Je pourrais faire ici ce qu'Apelle fit autrefois ; mais vous ne feriez pas peut-être ce que fit Alexandre.

(*Don Pèdre fait la grimace.*)

ISIDORE, *à don Pèdre.*

Tout cela sent la nation ; et toujours messieurs les Français ont un fonds de galanterie qui se répand partout.

ADRASTE.

On ne se trompe guère à ces sortes de choses, et vous avez l'esprit trop éclairé pour ne pas voir de quelle source partent les choses qu'on vous dit. Oui, quand Alexandre serait ici, et que ce serait votre amant, je ne pourrais m'empêcher de vous dire que je n'ai rien vu de si beau que ce que je vois maintenant, et que...

DON PÈDRE.

Seigneur Français, vous ne devriez pas, ce me semble, tant parler ; cela vous détourne de votre ouvrage.

ADRASTE.

Ah ! point du tout. J'ai toujours coutume de parler quand je peins ; et il est besoin, dans ces choses, d'un peu de conversation pour réveiller l'esprit et tenir les visages dans la gaîté nécessaire aux personnes que l'on veut peindre.

SCENE XIII.

HALI, *vêtu en Espagnol*; DON PÈDRE, ADRASTE, ISIDORE.

DON PÈDRE.

Que veut cet homme-là ? Et qui laisse monter les gens sans nous avertir ?

HALI, *à don Pèdre.*

J'entre ici librement ; mais entre cavaliers telle liberté est permise. Seigneur, suis-je connu de vous ?

DON PEDRE.

Non, seigneur.

HALI.

Je suis don Gilles d'Avalos ; et l'histoire d'Espagne vous doit avoir instruit de mon mérite.

DON PEDRE.

Souhaitez-vous quelque chose de moi?

HALI.

Oui, un conseil sur un fait d'honneur. Je sais qu'en ces matières il est malaisé de trouver un cavalier plus consommé que vous; mais je vous demande pour grace que nous nous tirions à l'écart.

DON PEDRE.

Nous voilà assez loin.

ADRASTE, *à don Pèdre qui le surprend parlant bas à Isidore.*

Elle a les yeux bleus.

HALI, *tirant don Pèdre pour l'éloigner d'Adraste et d'Isidore.*

Seigneur, j'ai reçu un soufflet. Vous savez ce qu'est un soufflet, lorsqu'il se donne à main ouverte sur le beau milieu de la joue. J'ai ce soufflet fort sur le cœur; et je suis dans l'incertitude, si, pour me venger de l'affront, je dois me battre avec mon homme, ou bien le faire assassiner.

DON PEDRE.

Assassiner, c'est le plus sûr et le plus court chemin. Quel est votre ennemi?

HALI.

Parlons bas, s'il vous plaît.

(*Hali tient don Pèdre, en lui parlant, de façon qu'il ne peut voir Adraste.*)

ADRASTE, *aux genoux d'Isidore, pendant que don Pèdre et Hali parlent bas ensemble.*

Oui, charmante Isidore, mes regards vous le disent depuis plus de deux mois, et vous les avez entendus; je vous aime plus que tout ce que l'on peut aimer, et je n'ai point d'autre pensée, d'autre but, d'autre passion, que d'être à vous toute ma vie.

SCÈNE XIII.

ISIDORE.

Je ne sais si vous dites vrai; mais vous persuadez.

ADRASTE.

Mais vous persuadè-je jusqu'à vous inspirer quelque peu de bonté pour moi?

ISIDORE.

Je ne crains que d'en trop avoir.

ADRASTE.

En aurez-vous assez pour consentir, belle Isidore, au dessein que je vous ai dit?

ISIDORE.

Je ne puis encore vous le dire.

ADRASTE.

Qu'attendez-vous pour cela?

ISIDORE.

A me résoudre.

ADRASTE.

Ah! quand on aime bien on se résout bientôt.

ISIDORE.

Hé bien! allez, oui, j'y consens.

ADRASTE.

Mais, consentez-vous, dites-moi, que ce soit dès ce moment même?

ISIDORE.

Lorsqu'on est une fois résolu sur la chose, s'arrête-t-on sur le temps?

DON PEDRE, *à Hali.*

Voilà mon sentiment, et je vous baise les mains.

HALI.

Seigneur, quand vous aurez reçu quelque soufflet, je suis homme aussi de conseil; et je pourrais vous rendre la pareille.

DON PEDRE.

Je vous laisse aller sans vous reconduire; mais entre cavaliers cette liberté est permise.

ADRASTE, *à Isidore.*

Non, il n'est rien qui puisse effacer de mon cœur les tendres témoignages... (*à don Pèdre apercevant*

Adraste qui parle de près à Isidore.) Je regardais ce petit trou qu'elle a au coté du menton; et je croyais d'abord que ce fût une tache. Mais c'est assez pour aujourd'hui, nous finirons une autrefois (*à don Pèdre, qui veut voir le portrait.*) Non, ne regardez rien encore; faites serrer cela, je vous prie, (*à Isidore.*) et vous, je vous conjure de ne vous relâcher point, et de garder un esprit gai, pour le dessein que j'ai d'achever notre ouvrage.

ISIDORE.

Je conserverai pour cela toute la gaité qu'il faut.

SCENE XIV.
DON PÈDRE, ISIDORE.

ISIDORE.

Qu'en dites-vous? Ce gentilhomme me paraît le plus civil du monde; et l'on doit demeurer d'accord que les Français ont quelque chose en eux de poli, de galant, que n'ont point les autres nations.

DON PEDRE.

Oui : mais ils ont cela de mauvais, qu'ils s'émancipent un peu trop, et s'attachent, en étourdis, à conter des fleurettes à toutes celles qu'ils rencontrent.

ISIDORE.

C'est qu'ils savent qu'on plaît aux dames par ces choses.

DON PEDRE.

Oui; mais s'ils plaisent aux dames, ils déplaisent fort aux messieurs; et l'on n'est point bien aise de voir, sous sa moustache, cajoler hardiment sa femme ou sa maîtresse.

ISIDORE.

Ce qu'ils en font n'est que par jeu.

SCENE XV.
ZAIDE, DON PÈDRE, ISIDORE.

ZAIDE.

Ah! seigneur cavalier, sauvez-moi, s'il vous plaît,

des mains d'un mari furieux dont je suis poursuivie. Sa jalousie est incroyable, et passe dans ses mouvements tout ce qu'on peut imaginer. Il va jusqu'à vouloir que je sois toujours voilée; et pour m'avoir trouvé le visage un peu découvert, il a mis l'épée à la main, et m'a réduit à me jeter chez vous pour vous demander votre appui contre son injustice. Mais je le vois paraître. De grâce, seigneur cavalier, sauvez-moi de sa fureur.

DON PÈDRE, *à Zaïde, lui montrant Isidore.*
Entrez là-dedans avec elle, et n'appréhendez rien.

SCÈNE XVI.
ADRASTE, DON PÈDRE.

DON PEDRE.
Hé quoi! seigneur, c'est vous! Tant de jalousie pour un Français! je pensais qu'il n'y eût que nous qui en fussions capables.

ADRASTE.
Les Français excellent toujours dans toutes les choses qu'ils font; et, quand nous nous mêlons d'être jaloux, nous le sommes vingt fois plus qu'un Sicilien. L'infame croit avoir trouvé chez vous un assuré refuge; mais vous êtes trop raisonnable pour blâmer mon ressentiment. Laissez-moi, je vous prie, la traiter comme elle le mérite.

DON PEDRE.
Ah! de grace, arrêtez. L'offense est trop petite pour un courroux si grand.

ADRASTE.
La grandeur d'une telle offense n'est pas dans l'importance des choses que l'on fait; elle est à transgresser les ordres qu'on nous donne : et, sur de pareilles matières, ce qui n'est qu'une bagatelle, devient fort criminel lorsqu'il est défendu.

DON PEDRE.
De la façon qu'elle a parlé, tout ce qu'elle en a fait a été sans dessein, et je vous prie enfin de vous remettre bien ensemble.

ADRASTE.

Hé quoi! vous prenez son parti, vous qui êtes si délicat sur ces sortes de choses

DON PÈDRE.

Oui, je prends son parti, et, si vous voulez m'obliger, vous oublierez votre colère, et vous vous réconcilierez tous deux. C'est une grace que je vous demande; et je la recevrai comme un essai de l'amitié que je veux qui soit entre nous.

ADRASTE.

Il ne m'est pas permis, à ces conditions, de vous rien refuser. Je ferai ce que vous voudrez.

SCENE XVII.

ZAIDE, DON PÈDRE, ADRASTE, *dans un coin du théâtre.*

DON PEDRE, à *Zaïde.*

Holà! venez. Vous n'avez qu'à me suivre, et j'ai fait votre paix. Vous ne pouviez jamais mieux tomber que chez moi.

ZAÏDE.

Je vous suis obligée plus qu'on ne saurait croire; mais je m'en vais prendre mon voile; je n'ai garde, sans lui, de paraître à ses yeux.

SCENE XVIII.

DON PÈDRE, ADRASTE.

DON PEDRE.

La voici qui s'en va venir; et son ame, je vous assure, a paru toute réjouie lorsque je lui ai dit que j'avais raccommodé tout.

SCENE XIX.

ISIDORE, *sous le voile de Zaïde*; ADRASTE, DON PÈDRE.

DON PEDRE, à *Adraste.*

Puisque vous m'avez bien voulu abandonner votre ressentiment, trouvez bon qu'en ce lieu je vous

SCENE XX.

fasse toucher dans la main l'un de l'autre, et que tous deux je vous conjure de vivre, pour l'amour de moi, dans une parfaite union.

ADRASTE.

Oui, je vous le promets que, pour l'amour de vous, je m'en vais, avec elle, vivre le mieux du monde.

DON PEDRE.

Vous m'obligez sensiblement, et j'en garderai la mémoire.

ADRASTE.

Je vous donne ma parole, seigneur don Pèdre, qu'à votre considération, je m'en vais la traiter du mieux qu'il me sera possible.

DON PEDRE.

C'est trop de grace que vous me faites. (*seul.*) Il est bon de pacifier et d'adoucir toujours les choses. Holà! Isidore, venez.

SCENE XX.

ZAIDE, DON PÈDRE.

DON PEDRE.

Comment! que veut dire cela?

ZAÏDE, *sans voile.*

Ce que cela veut dire? Qu'un jaloux est un monstre haï de tout le monde, et qu'il n'y a personne qui ne soit ravi de lui nuire, n'y eût-il point d'autre intérêt; que toutes les serrures et les verroux du monde ne retiennent point les personnes, et que c'est le cœur qu'il faut arrêter par la douceur et par la complaisance; qu'Isidore est entre les mains du cavalier qu'elle aime, et que vous êtes pris pour dupe.

DON PEDRE.

Don Pèdre souffrira cette injure mortelle! Non, non, j'ai trop de cœur, et je vais demander l'appui de la justice pour pousser le perfide à bout. C'est ici le logis d'un sénateur. Holà!

SCENE XXI.

UN SÉNATEUR, DON PÈDRE.

LE SÉNATEUR.

Serviteur, seigneur don Pèdre. Que vous venez à propos !

DON PEDRE.

Je viens me plaindre à vous d'un affront qu'on m'a fait.

LE SÉNATEUR.

J'ai fait une mascarade la plus belle du monde.

DON PEDRE.

Un traître de Français m'a joué une pièce.

LE SÉNATEUR.

Vous n'avez, dans votre vie, jamais rien vu de si beau.

DON PEDRE.

Il m'a enlevé une fille que j'avais affranchie.

LE SÉNATEUR.

Ce sont gens vêtus en Maures, qui dansent admirablement.

DON PEDRE.

Vous voyez si c'est une injure qui se doive souffrir.

LE SÉNATEUR.

Les habits merveilleux, et qui sont faits exprès.

DON PEDRE.

Je demande l'appui de la justice contre cette action.

LE SÉNATEUR.

Je veux que vous voyiez cela. On va le répéter pour en donner le divertissement au peuple.

DON PEDRE.

Comment ! de quoi parlez-vous là ?

LE SÉNATEUR.

Je parle de ma mascarade.

DON PEDRE.

Je vous parle de mon affaire.

LE SÉNATEUR.

Je ne veux point aujourd'hui d'autres affaires que

de plaisir. Allons, messieurs, venez. Voyons si cela ira bien.

DON PEDRE.

La peste soit du fou, avec sa mascarade!

LE SÉNATEUR.

Diantre soit le fâcheux avec son affaire !

SCENE XXII.

UN SÉNATEUR, TROUPE DE DANSEURS.

ENTRÉE DE BALLET.

Plusieurs danseurs, vêtus en Maures, dansent devant le sénateur, et finissent la comédie.

FIN DU SICILIEN.

TABLE

DU TOME QUATRIÈME

L'Amour médecin............Page	1
Misanthrope.................	37
Le Médecin malgré lui...........	113
Mélicerte..................	167
Pastorale comique.............	193
Le Sicilien ou l'Amour peintre.......	203

FIN DE LA TABLE.

www.ingramcontent.com/pod-product-compliance
Lightning Source LLC
Chambersburg PA
CBHW071859160426
43198CB00011B/1165